ちょっとマニアックな

図書館コレクション談義 またまた

内野安彦
大林正智 編著

樹村房

はじめに

「またまた」お目にかかることになりました「ちょっとマニアックな図書館コレクション談義」シリーズ、第3作です。「ふたたび」に続いて「またまた」。だいじょうぶですかね？　いや、ここはだいじょうぶとしておきましょう。「マニコレ」という愛称も「ちょっと」定着しつつあるような気もしてきました。

　さて、前作、前々作をお読みいただいた方には言うまでもないのですが、このシリーズは「図書館の選書はこうあるべきである」「こうあってはならない」というような「選書論」の本ではありません。「こんな考え方もできるのではないでしょうか」「そういえばこんな本もありましたよ」という、「コレクション談義」の本です。何かを規定したり否定したりするのではなく、連想や創造のきっかけになるような本にできればいいな、と考えて本づくりに加わってきました。そういう方向性が読者に気に入っていただいて3作目を出すことができるようになったのならば嬉しいな、と思ったりしています。

コレクション談義を（読んだり、書いたり、話したり）していると「なぜこの本（など）はこの図書館に必要なのか」と考えていくことになります。それは「なぜこの図書館はこのコミュニティに必要なのか」を考えることでもあります。つまり、コレクション談義というのはコレクションを入口にした図書館談義であり、コミュニティ談義であるわけです。

その本を手にすることで、その人はどんな行動をとるだろう。そしてその行動は、コミュニティにどんな影響を与えるだろう。私たちはどんなコミュニティに生きたいと望むのか。どんなコミュニティならばそこに生きる個人個人の幸福追求を支援できるのだろうか。と言ってしまうと大仰で、大真面目ですが、その大問題に、一冊一冊の本（など）の内容を吟味し、それを積み重ねていくところから、楽しく（ここが大事！）取り組んでいくのが「マニコレ流」なのではなかろうか、と考えています。

「本（など）」と繰り返し、くどくどと書いてきました。というのは「本以外のものも大事。しかし本は特別に大事」だと考えるからです（ここではとりあえず「本＝紙の本」ということにしておきます）。「マニコレ」パート1の「はしがき」冒頭で、内野安彦さんが上梓の理由のひとつとしてこう書いています。「これ以上、まちから本屋さんがなくならないことを祈って」。この精神はパート3となる今作にも引き継がれています。

図書館が、情報資源として本以外のものを扱うのはもちろんで、その比率が今後変わってくることは想像できます。ただそれは「紙の本」の衰退を手をこまねいて見ていてよい、ということではないのではないか。「本」が持続可能な形で産みだされ続ける「本の生態系」の維持に、図書館や図書館員も寄与することができるのではないか、もっと言えば寄与するべきなのではないか。そんな思いも本書のバックグラウンドに感じていただけるかもしれません。

「マニコレ」にとって「またまた」イヤーとなった今年2019年、フレデリック・ワイズマン監督のドキュメンタリー映画『ニューヨーク公共図書館　エクス・リブリス』が日本で公開されました。「本の貸出」以外の多様な活動に驚かれる方も多いでしょう。図書館に注目してもらえるいい機会になるかもしれません。「図書館か、行ってみようかな」と思って来館される方に喜んでいただけるようなサービスを用意して待ちたい、と思う夏の始まり。『ちょっとマニアックな図書館コレクション談義 またまた』スタートです。

2019年6月

大林 正智

ちょっとマニアックな図書館コレクション談義 またまた　もくじ

I

出版不況下、図書館の地域資料を考える

郷土出版社の廃業が考えさせるもの

２０１５年11月に『ちょっとマニアックな図書館コレクション談義』を編みました。巻頭に編著者として上梓の理由をこう述べました。

「一つは、これ以上、まちから本屋さんがなくならないことを祈って。もう一つは、図書館をまだ一度も使ったことのない人に、図書館サービスを少しでも知ってほしいからです。」

切なる思いは叶ったでしょうか。言うまでもなく、書店の倒産・廃業は一向に止む気配がありません。書店を取り巻く窮状は地方だけではありません。２０１６年には紀伊國屋書店新宿南店が事実上の閉店（売り場の大幅縮小）。２０１８年６月には六本木のシンボル的な書店であった青山ブックセンター六本木店の営業終了など、東京の大型書店ですら厳しい状況下にあります。こうした状況を朝日新聞は２０１７年８月24日の朝刊で「書店ゼロの街　２割超」との見出しで報じました。書店がまったく無い地方自治体が２割超という事実はおおよそ把握していましたが、平成の大合併で相当な数の「そもそも書店のない町村」が「書店のある市」に編入されたことで、書店が新たに出来なくても「書店のある街」にカウントされてしまう奇妙な統計を考えると、２割という数値はリアル感の乏しいものと言えなくもありません。

先述した朝日新聞の報道では書店のない市町村数を挙げ、その１位は北海道と報じていましたが、都道府県の市町村数には大きな差異があります。地方自治体の数を分母にし、書店のない自治体を分子にして割合を求めると、５割を超す長野県が１位となります。

長野県といえば、２０１６年２月29日に廃業した郷土出版社のニュースは極めて残念でした。私自身、塩尻市の図書館長を５年間務めたこともあり、すばらしい出版物を世に送り続けた郷土の誇りでもあったのです。

郷土出版社の廃業について、川上賢一は地方・小出版流通センター通信（No.1363　２０１６年３月１日）でこう伝えています。


長野だけでなく、静岡・新潟・岐阜・名古屋と支社を持ち、全国の地域写真集や美術集などを、この40年で４千点余出してきたという、長野の郷土出版社さんが廃業します。

（略）

最近、高齢化などで廃業する取引社も多く、扱ってきた地域出版社の本が図書館にどれだけ購入されているか？　今回の郷土出版社をモデルに調べてみました。同社は、当社のデータ上1535点（ISBNの付与時期からの刊行物）の市販本があり、地方出版としては最大の出版点数を誇ると思います。国立国会図書館は納本制度があるので殆ど集書されているはずですが、市販ルートから購入する図書館では都立中央図書館が1440点とダントツ多く収集していました。さすが東京は地方人の集りでそれを踏まえての収集でしょう。その他多く収集しているのは、国立国会図書館関西館と早稲田大学図書館ではないかと思われます。他県では、秋田県立図書館が170点余、岡山県立図書館が240点余購入していました。やはり他県の本の購入率は低いと言えましょう。

地元本をどれだけ購入し提供しているか？というと、例えば秋田の無明舎出版に調べてもらうと、秋田県立図書館は「秋田」関係本は複本購入し、一冊は資料として閉架に、もう一冊は開架に並べていつでも読めるようになっているとのことです。他県関係の本は一冊のみとのこと。他の地域でも県立図書館はこんな感じでしょうか？　しかし市立図書館などはなかなか予算も少なく寂しいのではと予測します。書店さんから見て各地の図書館の地元本購入状況はいかがでしょうか？[1]

ちなみに所蔵検索の時期は先の都立図書館等とずれますが（2018年12月14日調べ）、長野県内の公共図書館における郷土出版社の出版物の所蔵状況を調べてみたところ、多くの公共図書館が700点以上を所蔵していました。長野県に関するテーマの出版物であれば、当然ながら県内の公共図書館は積極的に購入していたと言えます。

郷土出版社は、その社名が「郷土」とあるように、長野県以外の地域資料も数多く出版しており、まさしく日本の「郷土」の記憶を後世に残す出版社でありました。それだけに収集した膨大な写真や文献等の行方が気になるところです。

ここで、先の通信の最後のフレーズ「市立図書館などはなかなか予算も少なく寂しいのではと予測します。書店さんから見て各地の図書館の地元本購入状況はいかがでしょうか」が気になりました。

地方・小出版流通センターが取り扱った書籍が都内の公共図書館にどのくらい所蔵されているかについては、実践女子大学図書館の伊藤民雄がまとめています[2]。地方・小出版流通センターが扱う出版社は約1100社余で、その半数が東京にあります。東京以外の地方にある出版社であっても、先の郷土出版社のように主に地方の歴史や文化や産業等をテーマにした書籍を出しているところはそう多くはありません。また、地方・小出版流通センターが取り扱う1100社余の出版社の半分は年に1冊の新刊すら出していません。

地域の偉人、歴史、産業などを扱った地域資料は、その地域に本社を置く出版社が出すものとは限りません。テーマとして扱った人物が例えば山口県出身者であっても、福島県在住の史家が生涯の研究テーマとし、在住地の県に本社を置く出版社から本を出すことは稀なことではありません。

しかし、小説、テレビ、映画、教科書などで扱われる全国区の著名人や歴史ではなく、限られた範囲でしか語り継がれていない地域の記憶は、その多くを地域の出版社や史家が担ってきているのです。

先の川上の言う「地元本」は本稿では、東京以外の地に本社を置き、主に地域に特化したテーマの本を出す出版社の本を「地元本」と捉え論を進めます。

地域の出版は文化を守り育てる意味からも、また、扱われるテーマが地域に関したものであれば、卑近な例ではありますが、図書館の使命として、知人の古書店主に図書館未所蔵資料の情報収集をお願いするなど現職時代はその収集に努めてきました。換言すれば、図書館が地域に根差したサービスの実践を庁内で最も主張できる資料が地域資料です。この点を主張できるか否かが、図書費の予算要求に少なからず影響するものと思われます。

私が5年間勤めた塩尻市の代表的産業はワインと漆器です。この二つに関しては、コミックスも含め地域資料として積極的に収集し、図書館内で最も往来の多い場所の書架に、現物（ワインや漆器のグラスなど）を関連資料と一緒に置き、その周知に努めました。図書館と地域資料は不可分の関係にあることを着任早々に図書館スタッフはもとより、庁内に敷衍《ふえん》できたことが、その後の図書館サービスなり図書費の確保の大きな布石となったのは言うまでもありません。

さてここで、先の「各地の図書館の地元本購入状況」を少し調べてみました。もとより、膨大な既刊書のデータを拾い、約3300館の公共図書館の所蔵の有無を確認する作業は容易にできるものではありません。しかも、資料に目を通さずして、正確に何かを検証し語れるものでもありません。本稿はあくまでサンプリングであることをご承知願います。

この20年間で激減しているのは書店だけに限りません。出版社数は4分の3になってしまいました。また、物流を担う取次も2016年の太洋社の倒産にみられるように厳しさを増してきています。

厳しいのは出版業界だけではありません。公共図書館も同様で、20年前に比べ、1館当たりの図書費は4割も削減されています[3]。しかし、この窮状にあって具体的な数値を掲げて「貸出冊数を伸ばすこと」を目標として自治体の基本計画に挙げる図書館は少なくありません。この目標自体は何ら問題があるものではなく、図書館サービスの基本であることは揺るぎないものですが、貸出冊数の多寡だけで図書館サービスは評価されるものではありません。

各自治体の図書館の資料収集方針には地域資料を幅広く収集する旨が記されています。しかし、地域資料は人口規模の小さい自治体で、かつ図書費の少ない図書館においては必ずしも幅広く収集されているとは言えません。

例えば某県には、地域をテーマにした本を年間20点以上出している出版社があります。そこで、書名に出版社の所在地である県名（○○）が冠された本（例えば『○○の△△（テーマ）』）及び県内出身の偉人について書かれた本が、県内の公共図書館でどのくらい所蔵されているかを県立図書館の横断検索で調べてみました。ちなみに、対象とした点数は20点。価格は８００円から６０００円で、平均価格は約２４００円。発行年は２００１年から２０１７年までです。

結果として、県立図書館、県庁所在地及び県庁所在地に次ぐ第２の都市は全点を所蔵（２０１８年12月20日現在）。７割（14点）以上所蔵している自治体は３市（先の県立と市立２館を除く）、５割（10点）以上所蔵しているのは10市町（先の条件と同様）。割合で言えば、５割の自治体では出版点数の半分以下しか所蔵していないことがわかりました（県立図書館と県庁所在地の市立図書館は同じ自治体ですが分けてカウントしました）。

最も所蔵点数の少ない自治体は対象とした点数の４分の１、５点しか所蔵しておらず、１市３町が該当しました。ちなみに当該市町の平成30年度図書購入費の予算額は４６０万円から２６０万円でした。

同様の条件（出版社と書名）か、それに近い条件で調べられる県を調べましたが、大きな差異はみられませんでした。

例えば『○○の観光』と県名が冠してあっても、当該書籍での扱われ方は各自治体一律のはずはなく、この程度しか載っていないのならば所蔵する必要なし、との判断が選書担当者に働くことが考えられなくもありません。そのため、都内の大手出版社の本ではなく地元の出版社の本という点に着目したのですが、特別な扱いはされていませんでした。図書館ができる地元企業の支援という視点は希薄なようです。

例えば、八王子市役所の売店では、同市内に本社を置く揺藍社の出版物を販売しています。[4] このように都内ですら取扱う書店の少ない地元企業の本を市役所が支援しています。行政であれば当然のこと。図書館ならば、なおさらできることはいろいろ考えられるのではないでしょうか。

対象とした20点は、民間ＭＡＲＣ（簡単に言うと書誌情報のこと）をつくっている数社のデータを調べたところ大半が登録されていましたが、登録されていない本も数点ありました。ＭＡＲＣをつくっている会社に照会すると、その会社が取引している取次から搬入されない本はＭＡＲＣをつくれないとのこと。

自費出版で、かつ取次から書店へと流通することを著者が望まなかったものなのか、そもそも発行部数が少なかったのか、その理由はわかりません。ただ、地元本であっても、書誌情報がないものの所蔵は、あるものに比べやや少ないようです。

コレクションとしての図書館関連本

図書館における選書について、民間ＭＡＲＣの有無が非常に大きいことがわかる事例があります。地域資料から少し離れますが、大半の書店に置かれていないものの、図書館では積極的に購入される本として、図書館をテーマにしたものや図書館関係者が書いた（編んだ）本が挙げられます。県庁所在地の県内最大規模の書店であっても、この種の図書館関連本がまとまって置かれている棚を見るのは稀です。

拙著『スローライフの停留所　本屋であったり、図書館であったり』（郵研社　２０１８年）でも触れていますが、『書くことは生きること 生きた証を刻むこと　渡邊進『はまかぜ』寄稿集』（はまかぜ読書室編　飛鳥出版室　２０１７年）と、『真理がわれらを自由にする　本と図書館に寄せる想い』（高多彬臣　今井出版　２０１３年）の2点を挙げて考えてみましょう。

前者は、高知市民図書館長を務めた渡邊進が生前約30年にわたり関わった読書会の会報『はまかぜ』への寄稿集です。渡邊は文部省（当時）の図書館事業勤労者表彰、高知県文化賞、高知ペンクラブ賞を受賞した斯界の泰斗です。

後者は、鳥取県倉吉西高等学校長を経て、鳥取県立図書館長、鳥取女子短大（現在の鳥取短大）専任教員、鳥取県図書館協会会長などを歴任した高多彬臣による単著です。

この2点の所蔵状況（２０１８年12月24日現在）はどうでしょうか。渡邊進の寄稿集は、オーテピア高知図書館／高知市民図書館分館・分室に9部所蔵されていますが、高知県内の他市町村では未所蔵です。四国地方の愛媛県、香川県、徳島県内の公共図書館でもいずれも未所蔵。東京都立図書館でも所蔵されていません。

一方、高多彬臣の単著はどうでしょうか。お膝元の鳥取県内の約7割の自治体の公共図書館で所蔵されていますが、山陰地方に広げて調べてみると、島根県内及び山口県内の公共図書館には所蔵されていません。東京都立図書館も未所蔵で、鳥取県以外で所蔵している都道府県はごくわずかです。司書養成科目を開講する大学の図書館においても、この2点の所蔵館は数館でした。

私はこの本が出版されたことを某逐次刊行物やSNSで知り、直ぐに出版社から直販で入手しました。実際に読んでみて内容的に公共図書館が所蔵するにそぐわないものではなく、むしろ積極的に所蔵し、多くの利用者の目に触れてほしいと切望する本です。

では、なぜこのような所蔵状態にあるのでしょうか。定期的に送られてくる契約先からの民間MARCに該当書誌がないという理由だけではないと思います。逐次刊行物で紹介されてもおり、斯界の発展に尽くした先達の軌跡が綴られた本が購入されていないというのはどう考えればいいのでしょうか。選書担当者が発注した時点ですでに在庫がなかったとしても、こうした本を数百部単位で出版社に増刷させるような体力（市場）を図書館界は持ち得ていないものなのでしょうか。

地域資料や図書館に関する本は、多くの図書館の資料収集方針で幅広く収集することがうたわれているはずです。地域資料であるか否かを書名、副書名、出版社名などから選り分ける司書の力量は、どれだけ地域の歴史などに通暁《つうぎょう》しているかによります。普段、司書はどれだけ地域資料に目を通しているでしょうか。

資料収集方針で「地域資料であっても利用の少ないと思われるものは収集しない」と明記している図書館はおそらくないでしょう。しかし、減少一途の図書費のなかで、やむなく地域資料を買い控えざるをえない窮状にある図書館があるとしたら、予算要求の段階で図書館の成すべき仕事をしっかり財政担当部署に伝えるべきではないでしょうか。地域資料に限れば、そう大きな予算額を要するものではありません。地域資料は図書館にとって牙城です。現職の図書館員が主張せずに誰が守れるというのでしょうか。

再び川上賢一の言葉です。図書館員の地域資料に対する意識について、次のように述べています。

かつては県が、「地域」を考える際の基本の単位でした。しかし、交通・通信網の発達などで人の往来や活動範囲が広がるにつれ、それぞれの県が行政の枠組みを越えて影響し合いながら、戦後の「地域」を形づくってきたと思うのです。図書館員が果たしてそのような意識をもって郷土資料を集めてきたかどうか、はなはだ疑問に感じます。例えば秋田に関する本を、隣接する青森や岩手の図書館が購入するようなケースは、ごく少数であったと聞いています。

また郷土の本は、地元住民にとっては読みものであると同時に実用書でもあります。であれば本来は、資料として購入するものとは別に、誰もがいつでも手にとって読めるように、開架棚にも1冊置く配慮があってもいいのではないでしょうか。[5]

ちなみに私が奉職した鹿嶋市の図書館では、貴重な地域資料の叢書として、筑波書林の「ふるさと文庫」と、崙書房出版の「ふるさと文庫」を継続的に収集しています（筑波書林の「ふるさと文庫」は現在、新刊は発行されていません）。

ともに「ふるさと文庫」と称し頁数も少なく、地域に根差した題材をテーマにしながらも、筑波書林は茨城県牛久市、崙書房出版は千葉県流山市に本社を置く出版社です。鹿嶋市は茨城県でも「ちばらき」とも呼ばれるくらい千葉県に近いことから、千葉県に関する資料もテーマによっては地域資料として扱うことがあります。川上の言うような意識も、自治体の立地によっては図書館員にないわけではありません。

また、川上が指摘するように、地域資料を1部所蔵し「禁帯」としている図書館をたまに見かけます。そもそも地域資料は読む人がいないと図書館員は思っているのでしょうか。内容にもよりますが、県内の寺社、習俗、文学史、文化、史跡、教育史、政治など、長く住んでいる人に限らず、転入して間もない人であっても、平易な読み物であれば、地域資料は手に取って読みたくなるのではないでしょうか。複本で揃え積極的に貸し出すことで、書店の売上に資するくらいのことを図書館はすべきではないでしょうか。

多くの地方の出版社の本はそもそも発行部数が多くありません。自費出版や共同出版の著作も相当数あると思われます。盗難・汚損・破損に遭わないとも限らないので、複本購入が賢明な手段だと言えます。なにより大切なことは、盗難や汚損を未然に防ぐ前に、まずは利用者に本を手に取ってもらうことが図書館の仕事ではないでしょうか。

図書館の地域における「当たり前」の実践とは

知的資源イニシアティブが主催するライブラリー・オブ・ザ・イヤー２０１８の大賞に山梨県甲州市立勝沼図書館が選ばれました。ぶどうとワインに関する資料と地域での実践が高く評価されました。当館の大賞受賞に先立っての優秀賞受賞について、知的資源イニシアティブは次のように評しています。

> 開館以来20年以上、「当たり前」のこととして、地域の歴史・文化・産業、つまりは「生活」そのものである「ぶどうとワイン」に関する資料収集に始まり（現在日本屈指の3万点）、地域資源としての「ぶどうとワイン」に焦点をあてた地域研究を一貫して実践してきている。
>
> 土壌の研究や日本にワイン醸造をもたらした勝沼の先人たちの足跡調査や資料調査等、地域における自主的な「まなび」の実践に基づく「ぶどうとワインの資料展」を毎年実施している点、いうなればその地域だからこその知識の醸成に資している点を評価した。
>
> 一連の取り組みは課題解決支援や農業支援という言葉が登場する以前から、当地における「当たり前」の実践としてなされていることも申し添えておきたい。[6]

この評は、図書館が地域で果たす役割、図書館員の専門性、図書館のサステナビリティなど、実に明確に平易に表現しています。10年前に当館を訪ね、「「当たり前」の実践」に感銘を受け、同じくワインを地元のブランド産品とする塩尻市の図書館の目指す一つの姿としました。その後も、塩尻市立図書館のスタッフ有志や松本大学松商短期大学部の学生などを連れてたびたび訪ねました。図書館が地域資料を収集する使命・意義を、当館の棚の前に立てば、資料が饒舌に語りかけてきます。迷う必要はありませんよ、と。それこそ、「貸出冊数を伸ばす」以外の図書館の目標として、庁内他部署との関係が深い地域資料の収集は、図書館の存在を明確に庁内に示す格好の目標と言えます。

私は図書館をめぐるのが好きで、すでにその数は500館を超えました。図書館の棚で最も時間をかけて見るのは地域資料の棚です。どこの図書館を訪ねても、この棚だけは長い歴史を退色した背表紙が語っています。そして歴代の司書の矜持が詰まっています。図書館が資料を通じて地域と一体になっていることを感じられる極めつけの場所と言えます。本庁から図書館に初めて異動してきた職員が、手っ取り早く図書館の仕事を理解するにはこの棚はもってこいとも言えます。

上京の際、三省堂書店神保町本店の地方出版・小出版物フロアや、ジュンク堂書店池袋本店のふるさとの棚を覗くようにしています。他の書店ではなかなか出逢えない本が一カ所に集まっていて興味が尽きません。大手出版社の出す本に比べ、書名も帯の惹句も控えめな「集団」を目の前にすると、「売れますように」と願わずにいられません。どことなくマニアックな佇まいが誘惑するのです。

生まれ育った、岡山市にて地域に関する本をたくさん出版している吉備人出版代表取締役の山川隆之は、地域と出版についてこう語っています。

記憶を記録する＝『本』という形にすることで、新たな『物語』＝記憶が生れる。そしてそれは『歴史』になり、『文化』になってゆく。この時代に、この地域で書き残しておくことが豊かであれば、その地域の歴史と文化はきっと豊かなものになる。そのために地域においても『編集』『出版』のやるべき役割がある。その役割を担う存在でありたい。[7]

その役割を担うのは図書館も同じです。しかも地方自治体において社会福祉費の支出が今後も増大する中、黙っていたら図書館の予算は減る一方です。元来、ロビー活動に消極的で、地域に出て市民と触れ合うことも不得手とする図書館員が少なくない中、このまま安穏と構え、しかも図書館サービスを庁内に正しく伝えきれてなければ、図書費はもっと削られるでしょう。しかし、山川の言葉に続けば『図書館』の地域においてやるべき大きな役割があります。その役割を担う存在は図書館員にほかなりません。どんなに本に詳しい、地域資料に詳しい市民であっても、図書館の選書は任されてはいないのです。

勝沼図書館の受賞は個人的には遅きに失した感が否めませんが、先の受賞理由の約３００文字に収斂された言葉は「ちょっとマニアックな図書館コレクション」を考える上で、さらに「行政の中の図書館」を実践する上で示唆に富むものであります。

芥川賞、直木賞、さらには本屋大賞と、受賞作品が発表されると、書店と変わらぬノリで図書館が展示などで盛り上がることを否定はしません。しかし、書店と趣を変え、図書館でしかできない工夫を凝らすべきではないでしょうか。

また、国内で唯一、しかも中小の出版社を対象とした梓会出版文化賞や、鳥取県図書館協会と鳥取県立図書館が共催し地方出版活動を奨励・顕彰する「ブックインとっとり・地方出版文化功労賞」など、図書館は斯界の一員として、地道な出版活動を行っている出版社を支援し、さらにそういった出版活動や出版物を市民に知らせる仕事もあるのではないでしょうか。これ以上、地域の記憶を後世に残そうと頑張っている出版社がなくならないように、図書館のコレクションの在り方についての議論が活発に行われることを願わずにはいられません。

注

1　地方・小出版流通センター「地方・小出版流通センター通信」No.1363（２０１６年３月１日）http://neil.chips.jp/chihosho/center/tsbn20160301.html（参照２０１９年2月16日）

2　伊藤民雄「数字で見る地方・小出版流通センターと公立図書館」『出版ニュース』２０１７年3月中旬号　12-20頁
3　伊藤民雄「東京都の公立図書館所蔵実態調査　地方・小出版流通センター扱い書籍を中心に」（第43回研究集会編）『図書館評論』２０１７年6月　29-39頁
3　日本図書館協会「日本の図書館統計公共図書館（経年変化）」２０１７ http://www.jla.or.jp/Portals/0/data/iinkai/図書館調査事業委員会/toukei/公共経年%202017.pdf（参照２０１９年2月16日）
4　株式会社清水工房・揺籃社ホームページ https://www.simizukobo.com/publication（参照２０１９年2月16日）
5　川上賢一「地方出版社の廃業が相次ぐ中、消える本を図書館に残す方法は〈地方・小通信〉」『新文化』２０１６年1月28日
6　ＩＲＩ知的資源イニシアティブ「Library of the Year 2018 優秀賞・ライブラリアンシップ賞決定&授賞理由について」https://www.iri-net.org/loy/loy2018result/（参照２０１９年2月16日）
7　山川隆之『吉備人出版図書目録 ２０１８年版　１９９5-２０１７・12』

追記

崙書房出版は２０１９年7月末に業務を終了しました（『千葉日報』２０１９年6月7日）。

II

それでも図書館員は本が好き

「場所」から立ちあがる「ものがたり」

どの本にもそれぞれ「ものがたり」があります。これは小説や童話などの「ストーリーもの」に限った話ではありません。一冊の本には、それを書こうと思った著者の熱があり、世に出そうとする編集者、出版社の力があり、それを届ける取次や書店の思いがある。そういう意味の「ものがたり」です。

そんな「ものがたり」が詰まった本がたくさん並べられた棚にももちろん「ものがたり」があるし、その棚をつくる書店員や図書館員にも「ものがたり」がある。

その「ものがたり」は「どこでもない場所」からは立ちあがらない。必ずどこか特定の「場所」が必要になるはずです。それが「ものがたり」のリアリティだからです。

さて、今回のコレクション談義はその「場所」に注目していきます。海外のあの国や、日本のあの地域、架空の都市や、ちいさなまちの中を移動し続ける乗り物がその「場所」になるかもしれません。

「場所」に根差して、その「ものがたり」を編集する図書館員の「ものがたり」。お楽しみください。

豊田 恭子 とよだ・きょうこ

企業ライブラリアン。

大学卒業後、出版業界紙に勤務。5年働いたのち、1999年に米国へ。通っていた英語学校の先生に、「デジタル化時代の出版流通の問題を勉強したい」と告げると、ライブラリー・スクールへ行けとアドバイスされる。騙された気分で、ボストンのシモンズ・カレッジ図書館情報大学院へ。そこで、レファレンス・ツールやデータベース、初期のインターネット、そして情報流通の大変革時代に触れる。同時にアメリカの図書館情報学教育のすばらしさにも敬服。帰国後は、米系企業の社内向け情報サービスを担当するインフォプロとして主に活動している。現在は、札幌に引越し、そこで在宅勤務中。

アメリカの図書館大会

アメリカの図書館の話をさせてください。

なんでアンタが？　と聞かれると困ります。

私は企業で働くライブラリアンです。

ただ、２０１７年と２０１８年に、アメリカ図書館協会（ＡＬＡ）の年次総会（以下、ＡＬＡ大会と略します）に参加する機会があったのです。

で、そのついでに会場周辺の図書館を見学しました。17年はシカゴで、18年がニューオリンズです。

そしたらこれがもう、めっちゃ楽しくて面白くて刺激的で、帰国直後は大変な興奮状態でした（生来、やや興奮しやすい性格ではありますが）。

それでちょっと興味をもって調べたりしているうちに、いろんなことも学びました。

なので、私の知ったアメリカの図書館の話を、皆さんにさせてほしいのです。

作家と司書が語り合うセッション

まずは、ＡＬＡ大会の話から。

ＡＬＡ大会には、全米のみならず、世界60か国から2万人以上の図書館関係者が集まってきます。６月下旬の金曜に始まって翌週火曜までの５日間。開催される講演やイベントやワークショップなどは、なんと２０００以上に及びます。大会プログラムは、２センチの分厚さ。日本の図書館大会と図書館総合展とブックフェアをみんな足してもっと巨大にした感じ、と表現した知人がいるのですが、確かにそんなイメージです。

驚いたことはいろいろあるのですが、ひとつは、図書館と作家や出版社の仲の良さです。巨大なコンベンションホール（展示会場）の一角には、出版社専用のプレゼンブースが設けてあります。大会期間中、そこで出版社が入れ代わり立ち代わり、今年の新作だの図書館に揃えてほしい本だのを紹介・宣伝します。時にはそこに著者が同席します。出版前のサンプル本の頒布もあります。

作家の話を聞くセッション（日本でいうトークイベントみたいなもの）も、大会期間を通じて、たくさん開かれます。子どもたちや中高生たちに、読書をどう伝えていくべきか、といった問題を、作家と司書が一緒になって議論する討論会もありました。

図書館の資金調達（ファンドレイジング）を扱うセッションに参加した友人の話では、作家が図書館の資金集めに協力することもあるとか。事例発表では、図書館の運営資金を集めるために、作家を囲んでの夕食会やサイン会、即売会などを開催した報告がなされたそうです。

また最近は、漫画が非常に注目されていて、名称も「グラフィック・ノベル」ということが増えています。漫画だって絵（グラフィック）を使った小説（ノベル）なんだから、ひとつの小説ジャンルとしてちゃんと評価しよう、という姿勢を感じます（ただ、多少煩雑なので、ここでは「漫画」という言い方で通させてください）。

そのためグラフィック・ノベリスト＝漫画家が、トークイベントやディスカッション・フォーラムに出てくることも増えました。

漫画には子どもたちの情操教育や科学的思考の育成に有効な作品がある一方で、暴力や性など、注意すべき内容を含む作品もあります。漫画をどう評価したらいいのか、図書館のコレクションとしてどう収集していったらいいのか。すでにＡＬＡ内にはそうした議論をするための委員会が立ち上がっていて、その委員会が主催するフォーラムもありました。

私が日本人だとわかると、「日本では図書館向けの漫画のレビュー誌はあるの？」「図書館はどういう基準で漫画を選ぶの？」「年齢制限は設けるの？」などと、矢継ぎ早に質問されて、これにはタジタジでした。

図書館の蔵書に漫画を取り入れることなんて、日本ではとっくにやってきているようでありながら、その方法論など、オチオチしてると、アメリカの方がどんどん先に進んでいってしまう、そんな印象さえもちました。

華やかなカーネギー賞のパーティ

ＡＬＡは、出版物に対してさまざまな賞も主催しています。

子どもの本だけでなく、一般書ジャンルもちゃんとあります。フィクション、ノンフィクション、オーディオブック。あるいは、マイノリティ作家の、学生の、と書き手を限定する賞や、変わりどころでは、政府の出版物を対象にした賞まであります。会場入りすると、さまざまな賞の今年の受賞者がパネル展示されていて、その数の多さと幅の広さに目を奪われます。

一般書を対象にしたカーネギー賞は、意外にも歴史は浅く、２０１2年に創設されました。その前年に出版されたフィクションとノンフィクションの中から、まずは10月に3冊ずつ、合計6冊がノミネートされます。その後、ミッドウインターと呼ばれる2月の大会で、大賞が発表されます。

そして6月のＡＬＡ大会では、最高にドレスアップした受賞者たちを囲んで、お祝いダンス・パーティです。毎年、土曜の夜と決まっているこのパーティは、ＡＬＡ大会の目玉イベントのひとつとなっているとか。

今回、知ったのですが、カーネギー賞の選考委員会には、図書館関係者だけでなく、書店の代表者や書評誌の編集者もしっかり入ってるんですよね。

書店員と司書が一緒になって、その年の1冊を選ぶ。そして年に一度の大会で、受賞者を囲んで華やかなパーティ。なあんて素敵！って思いませんか？

作家のサインを求めて並ぶ人々

ＡＬＡ大会期間中は、「作家と会おう」と題したサイン会も、会場のあちこちで開催されます。みな、自

2017年ALAシカゴ大会で、作家のサイン会に並ぶ人々

分の大好きな作家の本を抱えて列に並びます。人気のある作家になると、100人近くが長蛇の列をなすこともあります。

大会プログラムに掲載されているサイン会の数をあらためて数えてみたのですが、優に100を超えていました。

こんなにたくさんの作家たちが、図書館の大会に参加するということ。そして司書たちと声を交わしあいながらサインをするということ。

会合では一緒に議論し、パーティではその功績を讃えあうということ。

そしてその輪の中に、ちゃんと出版社や書店も入っているということ。

本を愛する人たちが、お互いを排斥することなく、手をつなぎあって、豊かなネットワークを築いていることが伝わります。ちょっと（かなり?）うらやましい光景です。

参考

ALAが主催する賞の一覧　http://www.ala.org/awardsgrants/awards/browse

カーネギー賞について　http://www.ala.org/awardsgrants/carnegieadult

図書館にひろがるモノづくりスペース

ＡＬＡ大会でもうひとつ目をひいたのが、本以外のモノの展示の多さです。

アメリカは、オバマ前大統領の時代から、子どもたちの「ＳＴＥＭ（ステム）」（科学・技術・工学・数学の頭文字をとっています）教育に力を入れてきました。学校や博物館に加え、図書館もその拠点として、さまざまなおもちゃや工具を置くことが増えています。

子ども用の部屋なら、レゴや粘土、クレヨンや絵の具、ボードゲームやパズル、子ども用のＰＣなど。

中高生を対象にしたスペースなら、日曜大工の工具類や、ちょっとした実験道具、ミシンや編み機などの手芸用具、デザインやアート用品、カメラやビデオ。

そして最近、一大ブームともいえるのが、３Ｄプリンター、レーザーカッターといったハイテク電子工作機器の導入です。

中高生のたまり場に置かれる工作用具

中高生をどう図書館に呼び寄せるか、はアメリカの公共図書館でも課題のひとつです。また一方、放課後の彼らにとって適当な行き場所がない、という問題も、アメリカの地域づくりでは、よく話題にされています。

クラブ活動や「お稽古ごと」をもたない貧困層にとっては、この問題は特に深刻です。放課後をどう過ごすかは、その子たちの将来を決定づけるだけではありません。彼らをドラッグや犯罪の魔の手から守ることで、地域の安心や安全を確保することにもつながるのです。

日本にも、中高生の「たまり場」を意識した図書館スペースをもった図書館が、あちこちに誕生しているかと思います。違うのは、そこにいろんな本や雑誌だけでなく、ゲーム機器だったり工作用具だったりが置かれることです。

図書館にゲームを置くのか？と最初のころはかなり議論を呼んだといいます。でも今では、ゲームはれっきとしたSTEM教育の一環、とみなされています。アート制作の頭文字Aも中に入れて、「STEAM（スティーム）教育」という呼び方も、最近はよく耳にするようになりました。2014年の統計ですが、STEAM教育のプログラムをもつ図書館は、全米で5700館、全体の3分の1に達したといわれます。

ゲームを通じて身に着ける想像力や社会性

こんな風ですから、自然とＡＬＡ大会でも、そうしたゲームや工具の展示が増えています。17年のシカゴ大会では、なんと、ドローンの展示まであって、一瞬、目を疑いました。

参加している司書の人たちも、自分の手で触ってみたり、実際に遊んでみたり、みんなで一緒にゲームしてみたりします。ワーワー、きゃあきゃあと楽しい笑い声や、時には叫び声が聞こえてきます。展示会場を歩いていても、これって本当に図書館の大会?と、思わず確認したくなることしばしばです。

こうしたゲームや工作用具は、単に若者を図書館に呼ぶエサ、あ、これは言葉が悪いですね、手段、というだけではありません。

彼らの好奇心を刺激し、想像を膨らませる力を養っ

2018年ニューオリンズ大会で、ゲームの展示

たり、共同作業や仲間同士の教え合いを通じて、社会性を身に着けたりする効果が証明されているといいます。

それが最終的に、学校や地域社会から落ちこぼれていく人を出すことを防ぎ、民主主義を育てる地盤をつくることになる――。効果を語るアメリカ人司書の口調は、実に堂々として確信に満ち、聞いているこちらもいつの間にか説得されているのに気づきます。

ハイテク施設の普及

3Dプリンターを置く公共図書館も、本当にあっという間に広がっている、という印象を受けました。

17年に訪問したシカゴの中心市街地にあるハロルド・ワシントン・ライブラリーは、まあ、その道の先駆者ですから当然として、18年に行ったニューオリンズの中央図書館にも、その後に寄ったヒューストンの公共図書館にも、立派なハイテク施設が併設されていたのには驚きました。しかも、企業や市の巨額な財政支援を受け、いずれもできたてホヤホヤです。あらまあ、ここにもできたの、って感じです。

3Dプリンターだけではありません。

各種の電子楽器を揃えたスタジオ。そこでは歌や楽器の練習だけでなく、演奏の録音ができます。そして横に設置されたＰＣには、専門の編集ソフトがインストールされていて、それを使えば、自分で音楽制作ができます。

あるいは暗幕とグリーン・スクリーンをもった映像スタジオ。スクリーンの前でカメラに向かって演技する姿を録画すれば、あとから映像を組み合わせて編集し、作品にすることができます。

そして居並ぶＰＣには、プログラミング言語を自習できるような学習プログラムだの、簡単なオンラインゲームを自分で作れるようにしたソフトウェアだのがインストールされています。

こうした電子機器の設置が全米の図書館に広がっていることを伝えるアメリカの新聞記事が、ベン・フランクリン（ベンジャミン・フランクリンのことを、アメリカ人は愛情をこめて、こう呼びます）がいま生きていたら、さぞ図書館に行きたがったことだろう、と書いているのを読みました。

ああそうでした。そもそもフランクリンが１７３１年にフィラデルフィアで最初の会員制公共図書館を始めた時、彼は部屋の隅に実験用具を揃え、初期の科学実験をやったのでした。

アメリカの公共図書館はその創設から、みなが集まって議論したり、一緒に何かを調べたり、作ったり、といった機能を伴って発展してきました。そんなＤＮＡが、今に確実につながっているのを感じます。

参考

豊田恭子「全米の図書館に広がるメイカースペースの威力」『情報の科学と技術』２０１７年10月号、５５０頁
メイカースペースの全米公共図書館での普及をレポートする記事　The Atlantic "How Libraries Are Becoming Modern Makerspaces" 2016/3/11, by Deborah Fallows https://www.theatlantic.com/technology/archive/2016/03/everyone-is-a-maker/473286/

ジャズの街ニューオリンズ

せっかくニューオリンズに行ったので、少し、ジャズのことも書かないといけません（ジャズの話はないのか、と編者から突っ込みが飛んできそうです！）。

初めにお断りしておきますが、私はジャズに関しては無知です。

でもそんな私の目にも、ニューオリンズは実に魅力的な街でした。フレンチ・クオーターと呼ばれる街の中心街には、かつての植民地時代の名残をとどめる建物が今も残り、パステルカラーに彩られた建物の2階には、バルコニーが並びます。

6月の昼間はすでにかなり暑いのもあって、それほど人通りはないのですが、夜になると、いったいどこから湧いて出てきたのかと思うほど、通りが混雑しはじめます。そしてそれとほぼ時を同じくして、街に音楽があふれ出します。

道の角々には、ストリート・ミュージシャンが立ちます。通常のレストランでも、夕食が始まるころには生演奏が始まります。ジャズ・クラブは全部でどのくらいあるのでしょうか。フレンチメン・ストリートと呼ばれる通りなどは、両側に並ぶ店がほとんど全部、ジャズ・クラ

フレンチ・クオーターに並ぶ建物

ブ。人々は、よさげな店にふらりと入ってドリンクを注文し、しばし演奏を楽しむと（あるいは気に入らないとなれば、さっさと席を立って）、また次の店に移動します。そうやってみな一晩中、こっちの店、あっちの店、と移動しながら、いろんなセッションを楽しむのです。

出入りしているミュージシャンも、いったいどのくらいいるのでしょうか。まずひとつの店で、一晩のうちに何度もバンドが替わります。それがまた日ごとに入れ替わります。昨夜のクラリネットをまた聴きたい、と思って再訪してみても、もう今日は違うバンドです。バーテンダーに、「ねえ、昨夜の3人組は今日は来ないの？」と聞いたところで、「さあね」とすげない返事。

むかし行ったニューヨークのジャズ・クラブでは、演奏者のスケジュールがちゃんと印刷されていた記憶があるのに。これがニューオリンズ・スタイルというものなのかしらん。それともジャズ・クラブにも、いろいろあるってことなのかしら。

うーん、無知をこれ以上さらけ出す前に、さっさと図書館の話題に移ったほうがよさそうです。

世界有数のジャズ・コレクション

ＡＬＡ大会後に訪れたテュレーン大学は、ニューオリンズ市内のアップタウンと呼ばれる地区にあります。ここに、世界有数のジャズ・コレクション「ホーガン・ジャズ・アーカイブ」を有するハワード・ティルトン・メモリアル図書館があります。

アーカイブには、19世紀末にニューオリンズで始まった初期のジャズ、そこから派生したマーチング（ブラス）バンド、ラグライムやブルース、ゴスペル、Ｒ＆Ｂ、そしてロックやザディコに至るまで、貴重な資料がそろっています。

今回は、残念なことにそれらを見ることはできなかったのですが、チーフ・コレクション・オフィサーであるアンディ・コリガンさんから、いろいろなお話を伺うことができました。

コレクションの内訳としては、膨大な数の写真と楽譜、手書きのメモや手紙、世界最初のジャズ・レコード（１９１７年のオリジナル・ディキシーランド・ジャズ・バンドの演奏です）から始まる今日までの音源、演奏の歴史、ルイ・アームストロングやジェリー・ロール・モートンといったミュージシャンたちのゆかりの品や楽器、演奏会のポスターやチラシ、プログラム、レビューが掲載された新聞の切り抜き、などなどなど。

さぞ昔から収集をしていたのだろう、と思いきや、これが意外にも1958年に始まったということでした。

オーラルヒストリーで解き明かされるジャズの歴史

その頃、テュレーン大学歴史学科の大学院生だったリチャード・アレンは、修論のテーマにジャズの歴史を選びます。これは、活動するジャズ・ミュージシャンや、クラブ・オーナーにインタビューし、ニューオリンズでジャズがどう始まったかを探ろうというものでした。これに、やはりジャズの歴史に興味をもっていたウィリアム・ラッセルが共鳴。二人のプロジェクトが始まります。

ただ当時は隔離政策によって、白人と黒人の居住区がしっかり切り離されていた時代です。二人の白人は、警官を伴って黒人居住区に立ち入ったといいます。そして黒人たちの間で語り継がれてきた、19世紀後半にまでさかのぼるジャズのオーラル・ヒストリー（口述歴史）を紐解いていくことになります。

まずはバンド・プレイヤーに、そしてその知人に、そしてその家族に、といったようにして聞き取りは続き、録音テープは、合計2000本以上にのぼったといいます。

それらは当初、同大学の歴史学科の資料として保存されていたそうですが、1965年に図書館に移管され、ジャズをこよなく愛する司書のミーナ・クレイス（彼女の夫はジャズ・トロンボーン奏者だったそうです）の手によって、整理・保存されていきます。

いったん、ここに記録がある、ということが知れるようになると、今度は次々に寄贈が増え始めます。

先に書いた、世界最初のジャズ・レコードは、バンド・メンバーの遺族から、当時のパンフレットや写真などと一緒に贈られてきたものだとのこと。また初の黒人DJとして50年代に人気を博したドクター・ダディ・オーからは、SPレコード3500枚が。

こうして、現在図書館が所蔵している約10万点のレコード・コレクションは、ほぼすべて寄贈品で成り立っているということでした。

訪問前は、好事家のコレクターにツテでもあったのだろうか、などと勝手に想像していたのでした。やはりモノゴトは、聞いてみるまでわかりません。

世界中から集まる寄附金

驚いたのは、それだけではありません。

この世界的ジャズ・アーカイブ・コレクションの維持費、そして最近では電子化予算のほぼすべてが、寄附金によって賄われているというのです。「本当？」と思わず聞き返したくなりますよね。

ホーガン・ジャズ・アーカイブは、世界中から訪問者を集めていますが、音楽史などの研究論文だけでなく、多くのドキュメンタリー映画やノンフィクション文学、また小説などにも資料を提供してきました。

そして、それら「資料にお世話になった人たち」の多くが、金額の多寡はあれど、寄附をしていくのだといいます。

最近では、スウェーデンの研究者、ビョルン・ベルンハイム氏から寄附基金が提供されました。彼は１９６７年以降、50年にわたって毎年のようにこの図書館に通ってきていたヘビー・ユーザーだったらしいのですが、２０１４年に、「ニューオリンズの街とこのアーカイブから自分が受け取ったものの、ほんのわずかな返済として」、基金を創設しました。基金は、ホーガン・ジャズ・アーカイブを見に、海外からニューオリンズを訪れたい研究者の旅費として、毎年１５００ドル（16万円相当）を給付しています。

このほかにも、世界中から寄せられる潤沢な寄附金は、いま、主に電子化プロジェクトに向けられているそうです。アーカイブに保存されている音源、写真、楽譜などは、順次、電子化され、ウェブサイト上で無料公開されています。

そしてジャズを愛する世界中のすべての人に、この稀有な音楽を生み出した街と人々の歴史とともに、届けられているのです。

参考

ホーガン・ジャズ・アーカイブＨＰ　https://jazz.tulane.edu/

それでもやっぱり「本」の力

３Ｄプリンターや、ジャズ・コレクションの話をしてきましたが、アメリカの図書館サービスの核に、しっかりと「本」が根付いていることも確かです。

先に紹介した「ＳＴＥＡＭ」に、やっぱり図書館が提供するプログラムには読書がなくっちゃ、ということで今度は読書の頭文字Ｒを入れ、「ＳＴＲＥＡＭ（ストリーム）」という言葉さえ出てきました。

そもそも、日本ではとんと耳にしなくなった「ブッククラブ」が、いまでも健在なのに驚かされます。２０１７年には、ＡＬＡが主宰する新たなブッククラブさえ、立ち上がっています。「セックス・アンド・ザ・シティ」で有名になり、読書家としても知られるサラ・ジェシカ・パーカーが初代会長に就任。17年のＡＬＡ大会では登壇し、読むことのすばらしさを熱く語りました。

司書が発行するオススメ本のニュースレターや、図書館主催の読書会も、アメリカ各地で盛んです。

町じゅうでひとつの本をよむ

「ワンブック・ワンシカゴ（OBOC）」という活動があります。シカゴ公共図書館で、2001年に始まりました。

人口270万人を擁するシカゴの街全体で、地域に住む住民が、ひとつの本の読書を通じて、コミュニティ意識を醸成しようというのです。

当初は半年に1冊のペースだったようですが、最近は年1冊になりました。9月に発表されて、翌年夏までがワンクールです。

2016～17年シーズンに選ばれたのは『アニマル・ベジタブル・ミラクル（Animal, Vegetable, Miracle）』（バーバラ・キングソルバー著、ハーパーコリンズ社、2008年）。家族で南部の田舎町に引っ越し、1年間、自分で育てた野菜、あるいは近所で採れたものだけを食べて（それ以外は食べずに我慢しながら）、過ごした作者の体験記です。

そして2017～18年は『アイル・テイク・ユー・ゼア（I'll Take You There）』（グレッグ・コット著、スクリブナー社、2014年）。シカゴ出身のソウル・グループ、ザ・ステイプル・シンガーズのリードボーカル、メイヴィス・ステイプルズの伝記です。タイトルは、1972年に全米ヒットチャート1位を獲得した同グループによる楽曲名だとか。

その年の「ワンブック」が発表されると、シカゴ全域にある80の図書館で、その本が展示され、読書会が始まります。著者を呼んでのトークショーが開催されたり、関連のイベント（17年だったらガーデニングに関するものとか、18年だったらソウル・ミュージックに関するものとか）が開かれたりもします。

そして1年間にわたり、市全体でひとつの本を読み、みんなで語り合うのです。

ＯＢＯＣでは、ツイッターも流しています。その年の本についての、読書会やイベントの情報だけではありません。今日は２００３年春に読んだ作家ロレイン・ハンズベリーの誕生日だよ、とか、２０１３年に読んだ作家イザベル・ウィルカーソンは、こんなことを言っていたよね、とか、これまでに読んだ本や、その作家たちの情報も流れてきます。

一緒に読んできた本を、地域の共有財産として、大切にしていこうとしているのです。

刑務所で実践される読み聞かせ

ひとつの本をだれかと一緒に読む——。人がそれを一番よく体験するのは、子どもへの読み聞かせかもしれません。

ニューヨーク州の矯正図書館の話をさせてください。

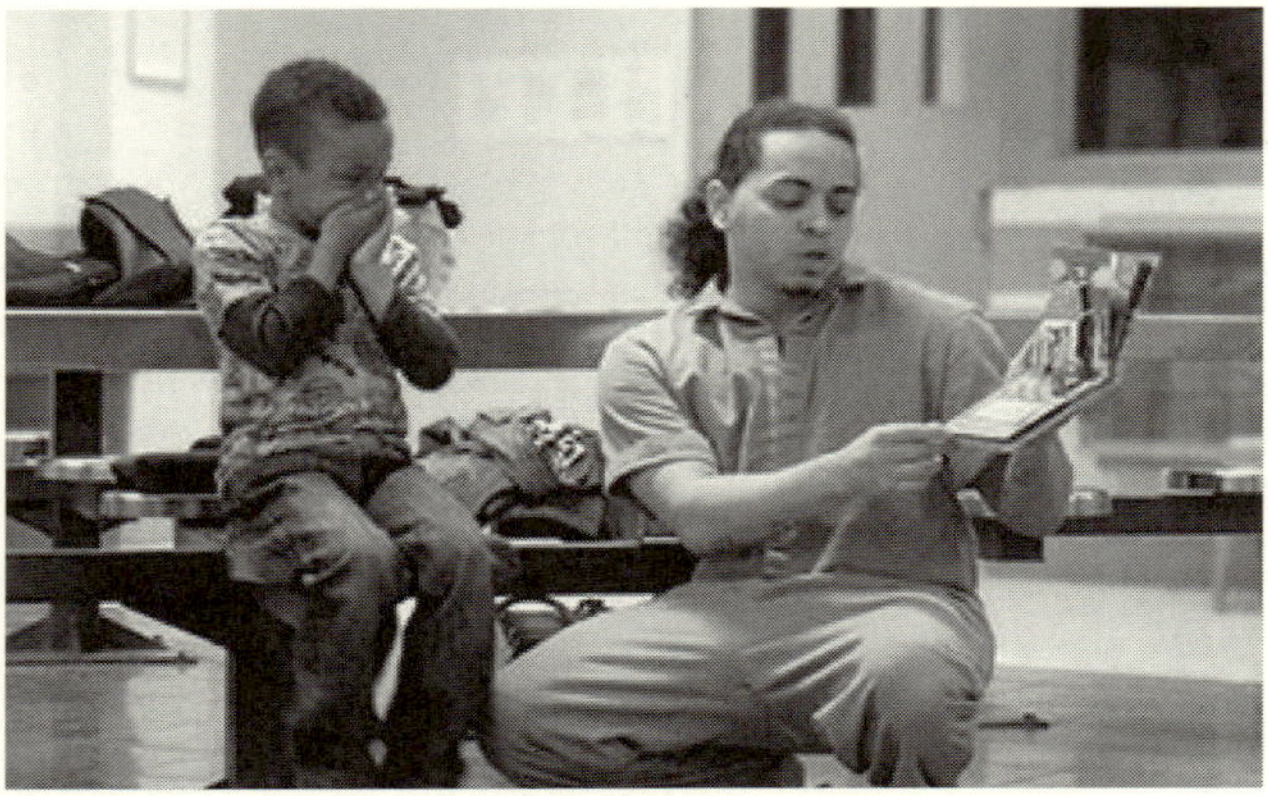
読み聞かせをするパパ ©Brooklyn Public Library

米司法省の統計では、刑務所を出所しても、3年たてばその3分の2が、5年たてばその4分の3が再犯で戻ってくるといいます。

でも家族との絆があれば、その比率を減らすことができます。

ミネソタ州の調査では、入所してから1回でも、家族の訪問を受けている場合は、再犯率が13%から最大で25%も減ったといいます。なかでも子どもとの関係は、出所後の更生に重要な役割を果たしているそうです。

そこで刑務所内にある矯正図書館の役割は、収監中に、いかに家族との関係を回復させ、もう、ここに戻ってくることがないようにするか、ということになります(「普通の図書館員とは逆のことを望まないといけないのは皮肉だね」、とここで働く司書のダン・マルコウは言っています）。

ニューヨーク州にある10か所の刑務所では、月に1回、「パパ（ママ）と私」と呼ばれるプログラムを実施しています。その日は、公共図書館からたくさんの絵本も持ち込まれます。そして収監されているパパやママが、訪問してきた子どもに対して、読み聞かせをするのです。

ひとつの本を一緒に読む。するとどうして、人は心を通わせ、絆を取り戻すことができるのでしょう。本の力の不思議さを感じずにはいられません。

アメリカ人が好きな小説ナンバー1を決める投票

２０１８年には、ＡＬＡでとんでもないプロジェクトが立ち上がっていました。ＰＢＳ（日本でいうEテレに近いです、かなり雑駁な説明ですが）と共同で、アメリカ人が好きな本の１位を選ぼう！というものです。プロジェクトは、「ザ・グレイト・アメリカン・リード」という名前がつけられています。

13人の選考委員によって、すでに１００冊の本が選ばれています。作者は特にアメリカ人に限りません。アメリカ人が好きな本、なので、世界中の作品が対象です。『赤毛のアン』『星の王子さま』『ナルニア国ものがたり』といった児童文学から、『罪と罰』『高慢と偏見』といった古典、ヘミングウェイ、スタインベック、サリンジャーなどの大御所から、『ゴッドファーザー』や『さゆり（メモリー・オブ・ゲイシャ）』など、映画で人気を博した作品も入っています。

子どもから大人まで、アメリカ人みんなで投票して、この中からたった1冊、一番人気の本を決めようじゃないか、というのです。なんたる無謀！　でも面白い！

PBSは、これに連動して8回シリーズの番組を制作。選ばれた100冊の内容や、その作家、その作品を愛する人やそれに影響を受けた人のインタビューなどを放映しています。

2018年のALA大会では、みんなで読んで投票しよう大キャンペーンが展開されていました。PBSのこの番組も、会場で再上映されていました。（ちなみに話はそれますが、アメリカ人って、会議場で番組を見る時でさえ、ポップコーンが要るんです。入り口横に列ができているから、入場券でも買ってるのかと思って見てみたら、屋台のポップコーン売り。それで、みんな、植木鉢みたいな箱を抱えて、会場入り。恐れ入りました！）

PBSの「ザ・グレイト・アメリカン・リード」サイトにいくと、残念なことに番組のほうは日本から見られないのですが（そして当然のことながら、投票ボタンも日本からは押せないのですが！）、100冊のリストを見ることはできます。

本好きのお友達と一緒にぜひ、見てみてください。「やっぱり『風と共に去りぬ』で決まりでしょ」とか「なんで『あしながおじさん』がないの、信じられない！」とか、「これ私、まだ読んでない。読まなくっちゃ」とか、リストをネタに、おしゃべりが盛り上がること間違いなし！

本について、ああだこうだと人とおしゃべりするのって、こんなに楽しい。それを思い出させてくれるリストです。

学校の教室で聞く図書館のアカデミー賞発表

アメリカ人って、子どものころから学校で、好きな本に投票したりしてるんだ、というのも、実は最近、知ったことです。

ＡＬＡが月１回提供する「デューイ・デシベル」という名前のポッドキャスト（インターネット・ラジオ）があります。デューイ・デシマル（十進分類法）と音量の単位・デシベルを掛け合わせた、ちょっとイキなネーミングです。私はリスナーになってまだ1年ほどなのですが、2月のある日に放送を聞いていたら、いつものスタジオ内からの音声とは明らかに違う、屋外からの声が聞こえてきました。

その日は、全米が注目するユース・メディア・アワードの発表日で、だから本番組も、今日はスペシャル・レポートだというのです。

拙文の冒頭で、ALAは毎年、いろんな賞を発表すると書きました。でもやはり、なんだかんだ言っても、関心のダントツは児童書に与えられる賞です。ユース・メディア・アワードというのは、絵本や物語、小学生向けやヤングアダルトなど、子ども向けの18部門をまとめた呼び方で、これは「図書館界のアカデミー賞」とさえ呼ばれています。

この日はなんと、レポーターがサウスカロライナ州にある小学校に潜入し、そこから、先生や子どもたちと一緒に、子ども向け小説部門（ニューベリー賞）の発表を聞こうという趣向です。

発表はライブ中継されるようで、教室では、おそらく先生と生徒たちがTVの前に群がって座っています。「まず1作目は……」、「そして2作目は……」、とALAの選考委員が1冊ずつ、読み上げる声が聞こえてきます。するとそのたびに、子どもたちの歓声が上がります。「僕、これ投票した！」とか、「えー、この本、私、キライ！」とか。

どうやら子どもたちは、前もって自分の好きな本を投票していて、すでにこの学校としての「入選作」を選んでいるようです。この学校の読書クラブのメンバーか何かなのでしょうか。

そして自分たちのリストと、ＡＬＡの発表を、照らし合わせながら聞いているのです。「それではいよいよ大賞の発表！——。」『ハロー・ユニバース』というタイトルが読み上げられると、「あーん！」。子どもたちの、ため息まじりの叫び声が響きます。結果的に、18年のＡＬＡ受賞作品には、この学校で子どもたちが選んだ本が1冊も入らなかったのです。

発表が終わると、ＴＶの音声が切られ、失望している子どもたちに先生がやさしく語りかけます。「私たちが選んだ本と、ＡＬＡが選んだ本はまったく違っていたわね」と。「でも、それでいいの、彼らはこの本をいいと思った、私たちはこっちの本をいいと思った、それはどちらも正しいことなの。」

子どもたちの声がしんと静まって、一心に先生の話を聞いているのが伝わります。

このあと子どもたちはもう1回、自分の選んだ本や、自分は選ばなかったのにＡＬＡが選んだ本を、読み返してみたくなっているに違いありません。

追いつけないアメリカ

実は、私が２０１７年と２０１８年にＡＬＡ年次大会に行ったのは、日本の図書館の事例をポスター発表するためでした。

私はビジネス支援図書館推進協議会という組織にかかわっているのですが、この協議会はそもそも、菅谷明子さんが1999年に紹介してくださったニューヨーク公共図書館の活動に刺激を受けて発足したという経緯があります。

2003年には、ニューヨーク公共図書館とシムズベリー公共図書館からスピーカーも招き、今後の公共図書館のあるべきサービスについて、シンポジウムも開催しました。

それから15年以上が経ち、日本の公共図書館界は、本当に大きな変貌を遂げてきました。私たちは、その成果をアメリカに報告に行ったのです。日本では公共図書館がこんなに進化してきたんですよ、こんなにいろんな活動が広がっているんですよ、ねえすごいでしょ、と聞いてもらいに出かけたのです。

それはそれで、まあ一定の評価もいただき、成果もありました（と思いたい）。でもそれ以上に、相手のスケールが大きくて、しかも彼らはどんどん、その先に進んでしまっていて、そのとてつもなさに、まったく圧倒されて帰ってきたのです。

アメリカは、いま、国として、非常に複雑で深刻な問題に直面していると思います。でも行ってみれば、その根っこのところで、図書館がこんなにも頑張っているんだ、ということを知ることができました。

「変わってきてるよ、アメリカのジャズは……。音楽的なきまりをなんとか超えようとしている、そんな感じだ……。こっちは、やっとそのきまりが解りかけてきたところなのに。」

ニューオリンズのクラブでジャズを聴きながら、『上海バンスキング』の、そんなシローの言葉を思い出しました。

参考

ワンブック・ワンシカゴ　https://www.chipublib.org/browse_program/one-book-one-chicago/

ニューヨーク州の矯正図書館については、The American Library "Keeping Inmates on the Outside" 2017/1/3, by Megan Cottrell　https://americanlibrariesmagazine.org/2017/01/03/libraries-prisoner-reentry-keeping-inmates-outside/

ザ・グレイト・アメリカン・リード　https://www.pbs.org/the-great-american-read/home/

デューイ・デシベル・ポッドキャスト　https://soundcloud.com/dewey-decibel-703453552

追記

２０１８年10月、「ザ・グレイト・アメリカン・リード」は、ハーパー・リーの『アラバマ物語（To Kill a Mockingbird)』が人気投票で１位になったことを発表しました。

鳥越 美奈 とりごえ・みな

福岡県北九州市生まれ。本のある空間が大好きで、居場所は学校の図書館、話し相手は学校司書という小学校時代を過ごす。短大で司書資格を取得。直営館の嘱託職員司書、指定管理館スタッフ、PFIやJVの図書館での勤務をとおして現場経験を積む。公共図書館での勤務は約20年。来館してくださる方々へのホスピタリティを自分らしく表現することを心がけている。

知らないものに対する恐怖心は大きいが、それに負けないくらい好奇心も旺盛。知ること・体験することを大切に生きている。花が大好きで、花柄の洋服を好む傾向にある。

北九州市立八幡西図書館、中間市民図書館、福智町図書館・歴史資料館ふくちのちを経て、現在、三原市立中央図書館館長。

ドイツの小さな町の図書館

英語もできない私がドイツ語を習う

日本語が好きで文系の短大に進み、司書資格を取得した私は卒業後、嘱託職員として公共図書館で働くようになります。見るもの、知ることがとても楽しくて、当時の私は自分なりに図書館での仕事を一生懸命にやっていました。でも嘱託職員という身分でしたので、期限が来れば、図書館の仕事を辞めなくてはなりませんでした。

そんな私でしたから、それまで外国や外国の文化に目を向けることはほとんどありませんでした。私は「きっと外国へは旅行でも行かないんだろうなぁ。外国人と接することもない人生なんだろうなぁ」と想像していました。ところが図書館を辞めてから、外国人のお世話をするような仕事につきました。いきなりの大転換。そこで働く日本人のほとんどが英語と、さらに別の言語も話せました。日本語しか話せないのは私一人。外国人が来ても対応できません。そこで私は片っ端から自分の業務に関係のある国の言語を習い始めました。でもね、学校に通っている時ですら真剣に外国語に向き合ったことがないのです。そう簡単にできるようにはなりません。どんどん心が折れていきました。

そんな中、巡り合ったのがドイツ語でした。英語もできない私がドイツ語を習う。難しいからとたくさんの友人に止められました。でもどれくらい難しいか、想像がつかないんです。「まぁやってみないとわからないし、とりあえずやってみよう」とだいたいにおいて私はそんな風に思うんです。事件は現場で起きますから。知っている単語が一つもない中で始めたドイツ語学習、難しくてすぐ辞めました。でもまた習いに行き、心がくじけて行かなくなり……を何度も繰り返しました。そんな形であってもドイツ語学習は続いたのです。

そしてあるとき一人でドイツに行ってみました。英語もできず、外国旅行もほとんどしたことがない私が一人でドイツに。困ることもたくさん起こったけれど、生でみるドイツ、ドイツ人と話す生のドイツ語など、体験するものすべてが私の中の価値観を揺すぶりました。世界は広い。さまざまな言語が飛び交うドイツは私の目を覚まさせてくれたようにも感じました。この経験もあって、その仕事から離れてもドイツ語学習は自分のペースで続けていました。

ドイツへの旅立ち

指定管理者制度の法制化によって、私は民間の会社員として図書館の仕事に戻ってくることができました。こんどこそ、住民の方々が想像もつかないサービスを提供したい。自分の町に図書館があるということ、それは素晴らしいことだと知ってもらいたい。そのために社会教育施設として何か工夫できることはないだろうか……。

そんな中で、ある財団による日本の図書館員を海外へ派遣する事業を知りました。通常の海外へ派遣する研修生の募集とは違い、海外での受け入れ先も自分で見つけ、期限や内容等、すべて自分で企画するものでした。

かつてドイツを旅行したとき、各地の図書館を訪ねたことがあります。私が訪れた図書館はいずれも小さな分館で、地域と共存しているように見えました。そこに私は日本の図書館と似たものを感じたのです。ドイツの図書館では具体的にどんなサービスをしているのか、現場が見たいと思いました。事件は現場で起こりますから。そしてドイツの図書館ではドイツの司書の声も自分でひろいたいと思いました。助成金をもらうことはまだ夢でしかない状態でしたが、ドイツの図書館に想いを馳せると、ワクワクが止まりませんでした。新しい知識を得るために、自分の価値観をひっくり返すためにドイツへ行きたい。そう思ったのがすべての始まりでした。

派遣事業に応募するにあたり、私は「貴館で研修を受けさせていただきたい」と、100あまりのドイツの図書館にメールを送りました。つたないドイツ語でたくさんの図書館司書に向かって必死でメールを書き続けました。言葉ができるかどうかより、どれだけその国に関心をもっているのかがコミュニケーションを図るうえでとても重要なのだという一心で。その時に『ドイツを知るための60章』（早川東三　工藤幹巳　明石書店　2001年）という本が私を助けてくれました。私には熱意を後押ししてくれる知識が必要でした。ドイツの歴史、文化、暮らし方など、この本はさまざまな切り口で、まだ知らないドイツを私に教えてくれました。そんな思いが心に届いたのか、ホルガウという小さな町の図書館司書からメールの返信をもらいます。その時の言いようもない高揚感は今でもはっきりと覚えています。そしてそのことがきっかけとなって、ホルガウでの研修が実現しました。

ドイツの南の小さな町、ホルガウにて

ホルガウはバイエルン州にある人口3000人くらいの町で、レーゲンスブルクから電車で3時間ほどのところにあります。事前にホルガウのことを調べたところ情報が少なく、とても

苦労しました（さまざまな図書館で調べても、インターネットで検索してもなかなか見つからず、結局、ほとんど情報もないままにお邪魔することになってしまいました）。

ホルガウは小さな町で当時はホテルもありませんでした。メールのやり取りを通じて知り合いになった司書から、「ホルガウに来るのなら自分の家に泊めてあげる」という提案がありました。でもつたないドイツ語しか話せない私は、ドイツ人の名前にも詳しくありません。日本人の名前ならば、「名前の最後に子がつくから女性かな」と性別の想像がつくのですが、私のもつ知識ではドイツ人の名前から性別を想像することができませんでした。名前はレナーテ(Renate)。人名事典などで調べたら、すぐにわかったはずですが、当時の私はそこまで頭が回りませんでした。初対面の男性の家に泊まることになったらどうしよう。でもどうしてもこの町の図書館が見てみたいし、せっかくの好意を無にしたくない。万が一、この司書が男性であっても同じ職業に就く人間としてわかりあえるのではないか。そう考えた私は、意を決して「泊めてください」とお願いをしました。結果的にレナーテは女性だったのですが、これほどドイツ語がわかっていなくて、さらには性別もわかっていない初めて会う人の家に泊まるつもりで来た日本人をホルガウの司書は面白がってくれ、大歓迎してくれました。

さて、ホルガウの図書館はドイツでも珍しいサービスをしていました。ドイツの公共図書館では日曜日は休館のところが多いのですが、ホルガウのこの図書館は開館しています。ホルガウの人たちは日曜日の朝、家族で教会に行きます。「その帰りに家族で図書館に寄ってほしい」と願っているからだと伺いました。その願いをきちんと住民サービスの一環として実現していることを素晴らしいと感じました。

図書館で「朝ごはんの会」

図書館内には会議室のような部屋があり、その横には簡単なキッチンが設えてあります。そこを使って「朝ごはんの会」が毎週日曜に開催されていました。簡単にいうと、参加者と司書が一緒に朝ごはんを作って食べるというものです。自宅で作った料理の持ち寄りも大歓迎。手ぶらで来て食べるという人のためには、自分の食べた分の気持ちを寄付してもらう募金箱も用意されています。何となく集まって、それぞれが話をしたり、自分の活動をPRしたりする。そんなフランクな雰囲気で、来たいときに来て、帰りたいときに帰ることができます。教会に行く前に寄ることもできるほど早い時間から開かれていました。

私が参加した時は「初めて会う日本人」そして「司書」、そんなこともあり、スペシャルな企画をしたいとの相談を受けました。そのためこの日は特別に一緒に朝ごはんを食べてから、私が講師になって折り紙教室を開催するという、ホルガウの図書館初の外国人講師のイベントとなったのです。

さて、みなさんはドイツの食事にどんな印象をお持ちでしょうか？　ソーセージとかじゃがいもとか、素朴なイメージかもしれません。しかしそれだけでなく、図書館に持ち寄ってみんなで食べる朝ごはんは味わい深いものでした。洋梨やリンゴ、オレンジなどの旬のフルーツに、フレッシュチーズやハードチーズ、ブルーチーズなどさまざまなチーズがテーブルに並んでいました。そして私の大好物のケーゼシュペッツレ（Käsespätzle）とクネーデル（Knödel）も。ケーゼシュペッツレは、ショートパスタにグリュイエールチーズやエメンタールチーズなどをからめて食べる料理です。また、クネーデルはじゃがいもに野菜を加えてつぶし、団子状に丸めてゆでて作ります。この日のクネーデルは、ベーコンとチーズ入りのものと、ほうれん草を練りこんだもので、ホワイトソースやトマトソースをからめて食べるものでした。この日はいろいろなドイツの家庭料理を堪能しました。そしてなにより、ドイツといえば、ビールやワインを思い浮かべる方も多いでしょう。しかし残念ながら「朝ごはんの会」ですから、アルコール類は並びませんでした。子どもたちと一緒に大人もソフトドリンクを楽しみます。

この場で食べたもの以外にも日本の豚足のようなアイスバインや春の到来とともに（その時

期しか食べられない）白アスパラガスなど、ドイツには美味しいものがたくさんあります。『ドイツ料理万歳！』（川口マーン惠美　平凡社新書　２００９年）には、ドイツ料理の歴史やビールやワインのお話が著者の経験に基づいてたくさん詰まっています。

さて、それぞれが作ってきたものを味見したりレシピを教え合ったり、このみんなの場は日曜日にはフル稼働でした。「美味しい」が共有できるというのはコミュニケーションが深まることなのだとつくづく思いました。そして事件はここから起きるのです。

その日、日本人が来ているからと、米を使った料理を作ってくださいました。それはゆでた米を他の野菜と一緒に塩とコショウ、ドレッシングで和えたもの、つまりサラダです。日本人がどんな風に米を食べるのかを知らなかったため、自分たちのイメージで米を調理したとのことでした。

一方私は、大好きなみそ汁をホルガウの皆さんに召し上がっていただこうと思い、材料を専門店で購入して持っていきました。そして日頃やらないくらい丁寧に煮干しで出汁をとって、わかめと豆腐のみそ汁を作りました。わかめも豆腐もレーゲンスブルクのスーパーでは手に入らず、アジアの食材を扱っているという中国人が経営しているお店を教えてもらい、ようやく手に入れたものでした。やっとの思いで材料をそろえたにもかかわらず、私の作ったみそ汁はたいへん不評でした。もともと出汁をとった味噌汁の風味を楽しんでもらえるかどうか、危惧してはいました。でも煮干しの香りをそこまで不快に感じるとは思ってもいなかったのです。思い返してみると、周りのドイツ人が魚料理を食べているところを私はほとんど見たことはありません。ドイツ人にとって、煮干しで出汁をとったみそ汁は生臭いというか、魚臭く感じるらしく、飲み干すことが困難な方もおられました。なかには「私はこのスープは生臭くて、嫌いです」とわざわざ私に言いに来られた方も。日本人だったら本人をつかまえてまで「嫌いです」と言う人は少ないかなぁ。後になって、その後のお付き合いのために、何が好きで何が嫌いなのか、それを正確に伝えることが誠意だと、ホルガウの人たちは思っていることがわかったのです。でもそれを言われた瞬間は驚きすぎて声が出ませんでした。おいしいか、おいしくないかよりも、すべてを拒絶されたようにも感じられました。今となってはレナーテとの笑い話ですけれど。

このホルガウへの訪問は私の異文化理解のはじめの一歩だったといえます。違うということを認める作業だったとも思いました。このことをネガティブにとらえる必要はないのです。だってこれからは温かいご飯をホルガウの友人は私のために準備してくれるし、私はみそ汁ではなくわかめスープにしようかなと考えています。「朝ごはんの会」は、そんな気持ちや体験を積み重ねていく場としての役割も負っていたのだと理解しました。そこには『知の広場』（アントネッラ・アンニョリ著　萱野有美訳　みすず書房　２０１１年）に通じるものを感じています。それは居場所としての図書館ということです。「一日のうちでさまざまに表情を変え、豊かな体験を提供する場」「いろいろなものに出会う場」、そんな場としての実践をしているホルガウの図書館は、この先も地域のコミュニケーションを促し従来の常識にとらわれない、ユニークなサービスを模索していくのだろうと感じました。

私のドイツ滞在奮闘記はこんな感じでスタートしました。

世界遺産の街レーゲンスブルクで働く

これから半年暮らしていくレーゲンスブルクに着いたのは、忘れもしない9月下旬の日曜日でした。ホルガウの異文化体験を書いたので、私がホルガウに住んでいたのだろうと思われたかもしれません。でも実際に住んでいたのは、南ドイツのバイエルン州の州都ミュンヘンから北東約120キロに位置するレーゲンスブルクという街でした。100館あまりのドイツの図書館へ「もし助成金がいただけたならば、貴館で研修を受けさせてほしい」というメールを出し続ける中、最初に返事をくださったのがレーゲンスブルクの図書館でした。それにご縁を感じ、ここに住んでみようと思いました。

レーゲンスブルクといえば、ユネスコの世界遺産に登録されている街です。古い街並みが美しく、街を流れるドナウ川にはドイツ最古の石橋がかかっています。一人暮らしをしたことがなく、生まれ育った北九州市以外に住んだこともない私。初めての一人暮らしに世界遺産の街は面白いかな。ひそかにそんなことも考えていました。

さて、そのレーゲンスブルクに到着した日曜日の午後、街は動きを止めているかのようにシーンとしていました。気のせいかなぁと思いながら、お腹が減ったので（パンでも、何ならケーキでもいい気持ちで）食べ物を買いに行きました。

まだドイツに着いたばかりで、街の様子もわかりません。ドイツ語にも慣れていなくて、知り合いもいません。レストランに入る勇気もありません。パン屋かスーパーで何か買って食べられれば、今晩の空腹はとりあえずしのげるかなと考えました。でもその日、開いているお店を見つけることはできませんでした。ペコペコのお腹を抱えて眠ったドイツ滞在初日でした。

後で聞いてみるとドイツには「閉店法」という法律があり、日曜日は基本的にお店の営業はできないというのです。２００６年以降は、国ではなく州政府がそれぞれに閉店法の規程を定めることができるようになり、規制緩和もベルリンなど一部の都市では進んでいるようです。しかし私が行った頃のレーゲンスブルクは、閉店法がきちんと守られている状態でした。基本的にはお土産物屋さんでさえ閉まります。

日本では考えられませんが、ドイツでは常識。そんなことも知らずにドイツに渡りました。同じ人間が暮らしているのだから、どこで暮らすことになってもだいたいのことは何とかなると思っていました。でも、ものごとを知らないということは「腹ペコ我慢事件」を発生させるのだと思い知りました。

『ドイツ人はなぜ、1年に150日休んでも仕事が回るのか』（熊谷徹　青春出版社　2015年）という本があります。この本には旅で見えてくるドイツと、働き、暮らしてみて感じるドイツと、両方のドイツが詰まっています。また、ドイツ流の休暇の過ごし方の背景には効率的な労働についての考え方が存在しているなど、ドイツ人の生活を垣間見ることができたように思います。閉店法の歴史的な背景やお店での体験談なども書かれています。24時間営業するコンビニが生活になくてはならないものになっている日本でこの閉店法を公布するとなると、パニックが起こるだろうなぁとしみじみ思います。

休日は買い物？　それとも？

閉店法によって日曜や祝日にお店が閉まるドイツですが、お店だけでなく家事も小休止です。そのような時間は「Ruhezeit（休息時間）」と呼ばれていて、騒音を排除しなければなりません。掃除機をかける時間、日曜大工をする時間はもちろん、極端かもしれませんが、シャワーを浴びる時間も、隣近所にお住いの方々を気遣うことが必要だと聞きました。日曜日や祝日には仕事のことは考えず、余暇を楽しむこと、家族で過ごすことを大切にしているように見えました。日本では休日の楽しみ方としてショッピングを挙げる方もおられますが、自然に親しむことが大好きなドイツ人は、散歩したり登山を楽しんだりと買い物以外の楽しみ方をしているようです。そんなドイツ人、旅先でも過ごし方は大きく変わりません。ドイツ人の友達が日本に遊びに来たとき、行きたいところを尋ねると、「森」とか「山」とか、そんな回答が返ってくることが少なくありませんでした。研修で数日間滞在しているドイツ人もまた、同じでした。ランニングしたり体育館で汗を流したりと、そんな姿をたくさん見ました。

またドイツでは多くの図書館が、日曜を休館日としています。多くの来館者が利用すると思われる日曜日にドイツの図書館が休館することについて、私は大きな疑問をもちました。日本の公共図書館は土日祝日の開館はもちろん、休館日をなくす方向の議論があちらこちらで持ち上がっています。また指定管理者制度が図書館にも広がり始めたころから、開館時間も長くなり続けている印象です。

ドイツの図書館で働く司書の方々にそんな話をしました。そうすると口々に、「働いている人たちが家族と過ごす時間はあるのか？」「日曜日は教会へ行き、家族でのんびり過ごす時間が必要だ」と。ほかにも「仕事だけが人生ではない」「休暇を家族で楽しみ、自然を愛して生きること」など、ドイツ人が大切にしている生き方を感じさせてくれる意見もたくさんいただきました。私はそれまで日本の図書館で働きながら、そこに疑問をもったことはなかったなと驚いたことを記憶しています。ただ、「閉店法」によって「日曜日休館」になっているわけではなく、労働者の権利として昔から尊重されてきているものなのだそうです。

ここで思い出してください。「朝ごはんの会」を開催するホルガウの図書館は、午前中の短い時間ではありましたが、日曜日も開館していました。ホルガウは町の規模も小さく、施設の数も多くないため、1つの施設がさまざまな役割を担う必要があると伺いました。教会からほど近い場所にこの図書館はあります。教会の帰りに家族で図書館に寄ってほしいという司書の強い思いがあったと聞きました。また、「朝ごはんの会」など町の人が集うことを目的とした催しも開催されており、図書館機能に加えて地域のコミュニティセンターとしての役割も負っているためと思います。

レーゲンスブルク図書館コレクション

私の住まいはレーゲンスブルクのほぼ中心部で、そこから歩いて2~3分のところに研修先である中央図書館がありました。日本でいう市立図書館はこの中央図書館以外に北分館、東分館、南分館、ブルクヴァインティング分館と、4つの分館がありました。それぞれの地域の特性に合わせて開館時間は違っていましたが、それ以外のルールは5館共通でした。

レーゲンスブルクの中央図書館は、ハイドプラッツという小さな広場にある建物の2階と3階部分でした。このハイドプラッツにはカフェや飲食店などが複数あり、図書館で借りた本などを読みながらコーヒーを飲むといった過ごし方をしている人もよく見かけました。

建物に入り、正面の階段をのぼって2階に行くと、小説や実用書、児童書やヤングアダルト向けの本が並んでいました。特にヤングアダルトのコーナーでは、日本の影響を大きく受けたであろうと思われる可愛い女の子のキャラクターのポップが本に添えてありました。またコミックスとは別に『MANGA』というコーナーがあり、『DRAGON BALL』『One Piece』など日本の漫画も数多く収集されていました。海外で日本の漫画が人気という話を聞いてはいましたが、レーゲンスブルクでもこうして図書館にコーナーができるほどの人気でした。特にレーゲンスブルクは人口12万人に対して大学が3校もある学生の街です。その影響もあるのかもしれません。大学で日本語を学んでいるドイツ人の学生と会うと、たびたび漫画のことや秋葉原のことなど、たくさんの質問を受けたのを覚えています。またMANGAコーナーがある書店も多く見ました。『名探偵コナン』や『犬夜叉』など、ドイツ語に翻訳した漫画が販売されています。興味深いことに、このドイツ語版の漫画には読み方を説明するページがあります。説明には、日本の漫画は本の背を右にした状態が表紙で物語が始まること、右上のコマから左下のコマへと読み進めることとありました。そして吹き出しには読む順番を示す数字がふってありました。

また、児童書の近くにはボードゲームも並べてありました。児童に限り、ゲームの貸出をします。ここ数年、日本の図書館でもボードゲームなどの収集を始めているところもあるようですが、ドイツではもう10年以上前からこういった取り組みがされていました。

このレーゲンスブルクの図書館では楽譜もコレクションの一つでした。レーゲンスブルクにはドイツ有数の音楽学校があります。図書館の資料収集方針にもそういった背景が反映されていると思われます。

3階にはさまざまな国の言葉で書かれた資料が収集されていました。基本は英語、フランス語、スペイン語です。ドイツに多く住んでいるというトルコ人移民のためのトルコ語の資料を収集している図書館も少なくありません。ここレーゲンスブルクの図書館にもトルコ語の資料がありましたし、さらには中国語、日本語の資料も多くはありませんが収集されていました。基本的に、レーゲンスブルクの図書館はベストセラーを追いかけるのではなく、読み継いでいくことができる本、後世に遺したい本という視点での選書をしているとのことでした。

さてそんなドイツの図書館のルールの中でまず日本人が驚くだろうことは、図書館での本の貸出に料金がかかるというところではないでしょうか。たとえば、年間利用料金として、大人は17ユーロ（1ユーロを125円とすると、日本円で2125円）かかります（18歳以下は無料です）。学生や兵役についている人、社会的援助を受けている人、障がいのある人や青少年指導者カードをもっている人は10ユーロ（1250円）。さらにはパートナーカードというものがあり、配偶者だけでなく同棲相手や、18歳以上でも親と家計を共にしている人は3ユーロ（375円）でカードを作ることができるとのことでした。

公共図書館のカード作成が有料！に驚いた半面、公共施設としての図書館という意味では、対象によって細かく配慮されており、サービスの一環として住民に寄り添っているという印象を受けました。ちなみに、これは自治体によって個別に決められています。

年間の利用料金以外で、何に料金が発生するのかが興味深いものだったので、一部ご紹介したいと思います。

まず延滞料金が1日あたりかつメディア1点につき0・2ユーロ（25円）です（レーゲンスブルクの図書館ではメディアというのを貸出する資料の単位として使っていました。収集資料は本や楽譜、地図、レコード、ゲームなどさまざまありました。そのため単位をメディアとしていたようです）。ビデオ・DVDは1点あたり、かつ1日あたり0・6ユーロ（75円）です。そして延滞請求書作成費用は5ユーロ（625円）かかります。また、インターネット利用料金は1時間2・5ユーロ（313円）かかりますし、本の予約は1点につき1ユーロ（125円）です。資料についているバーコードを破損した場合は1点あたり1・5ユーロ（188円）、図書館カードの登録内容変更の申し出をしなかった場合には3ユーロ（375円）徴収されます。

ドイツ人司書VS日本人司書!?

このレーゲンスブルク図書館でドイツ人と働くにあたって、私にはつたないドイツ語しか共通言語はありません。何がどんな風にわからないのかを説明する自信もないため、カウンター業務を担当するときはいつもドキドキでした。そして利用者の方のドイツ語の問いかけや図書館システムの扱い方など、わからなくなって周りのドイツ人司書に尋ねたことも多くありました。その回数が重なると気のせいか、私にはそのドイツ人司書が面倒に思っているのではないかと思う表情に見えました。そう思うと聞きづらくなり、さらにドキドキが止まりません。貸出でも返却でも、作業中に利用者の方に並ばれてしまうとまったく余裕がなくなっていました。

でも私がここでできること、いや私だからこそできることはなんだろうとある時、たっぷり深呼吸をしてあたりを見回しました。利用者の方が並んで貸出や返却を待っています。私たち司書はカウンター内で座っています。ドイツ人司書は座ったまま、肘をつき人差し指を下から上に向かって何度が曲げる動きをし、利用者の方を順番に呼んでいました。声を出すこともなく、立ち上がることもなく、人差し指一本で本を借りようと列をつくって待っている市民の方々を呼ぶのです。

私は意を決して「Bitte sehr!（こちらへどうぞ）」と、微笑んで利用者の方をお迎えしてみました。「Sie haben sich drei Bücher ausgeliehen, nicht wahr?（本を3冊、お借りになっていますね）」「Vielen Dank, dass Sie von unserer Bibliothek Gebrauch machen.（ご利用ありがとうございます）」と笑顔で話しかけました。カードは両手で受け取り、お返しする時には利用者の方に向けて「Danke schön!（ありがとうございます）」と言いました。本も必ず利用者の方に向けてキチンと揃えて、両手で渡すことを心掛けました。「Bitte beehren Sie uns recht bald wieder!（また来てください）」とほほ笑むことも忘れずに。そして必ず心を込めてお辞儀をしました。最初は怪訝な顔をしていたドイツ人司書も、利用者の方々が笑顔になったり、「Alles Gute!（頑張って）」と声をかけてくれるのを見て、少しずつ認めてくれるようになりました。お辞儀を真似してくれたり、「Warum sagst du das?（どんな意味があるのか）」と尋ねてくれたり、最終的には日本式の挨拶を「Toll（素敵だ）」と言ってくれるようになりました。

「日本人は変にニコニコしている」とか、「外国人にお辞儀をしても敬意は伝わらないのではないか」など、いろんな声を聞いていました。確かにそういう部分はあるのかもしれません。図書館内で起こったこととしては小さなことかもしれません。でも、つたないドイツ語でカウンター業務をやっている東洋人の私の「もてなしの気持ち」はちゃんと伝わったのです。そしてドイツ人の司書に「そんなやり方もいいね」と言ってもらえたことは、ドイツで研修をするにあたって大きな支えとなりました。

ドイツの公共図書館で働く司書は「高等職（Höherer Bibliotheksdienst)」「上級職（Gehobener Dienst)」「中級職（Mittlerer Dienst)」という三段階の図書館資格によって担当する業務などが違うと聞いています。高等職資格取得者は、資料選択や高度なレファレンスといった業務を担当し、ある程度の規模の自治体で図書館長となるためには、この高等職の資格が必要ということでした。上級職資格取得者は、日本でいう一般的な司書のイメージです。資料整理や一般的なレファレンス、児童サービスなどを担当します。中級職についてはアシスタントのような存在だそうです。

ドイツでは本の修理を専門にする人、マイクロフィルムを管理することが仕事の人など、図書館の中で分業がなされていました。特に修理は書籍を一度バラバラにして和紙を貼ったり、糸でかがったりとかなり高い専門性を必要とします。日本でも修理を担当している司書はいますし、ドイツと同じように精密な作業で本の修理をしている図書館もあると思います。日本の公共図書館では休館日が少なくなり、年中無休の図書館も存在します。スタッフの研修や集中的に作業をする時間を確保するのが難しい図書館もあると聞きます。そのため修理など一つの業務だけに注力できる環境の実現はなかなか難しいのではないかと思われます。

そのほかにも、実際に働くなかで、なるほどと思わせられることがいろいろとありました。例えば、デザイン性の高い、たまごの形をした、安定の悪い椅子が館内にあったのですが、私は子どもがこれに座って転んだらけがをするのではないかと、すごく気になりました。でもドイツ人司書は、それは自分で気をつけるものであり、それが小さな子どもであれば親の責任だろうと言ったのです。なるほど。

また、レファレンスカウンターで自分が探している本について尋ねる小さな子どももよく見かけました。時には、後ろで母親らしき女性が見守る中、レファレンスカウンターに本のことを尋ねに行っている子どもの姿も。母親に話しかけると、「自分が探している本なので、自分でわかる人に聞きに行くのは普通のことでしょう」と言われたのが新鮮で、印象に残っています。「仕組みがわかれば、次回からは自分で探せるでしょう」とも。確かに。

ドイツの図書館で働くことがなければ、このような場面に出会えたかどうか。その後の私の図書館での活動の基本となりました。

私がドイツに渡ったのは今からちょうど10年前の２００９年です。新しいサービス提供の模索ということももちろん考えていました。でもドイツに渡る助成金を得るための面接で、私は「日本の司書は疲弊しています」と言ったことを鮮明に覚えています。求められるものはどんどん大きくなり、図書館に対して温かい意見もあるとはいえ、批判的なご意見などをいただくこともあります。私は挫けそうになっていたのかもしれません。そして同じ立場にある司書たちも、同じような状況にあり、同じような思いを抱えているのだろうと思っていたのです。そんなとき外国に暮らす司書はどんなことを日々考え、業務をしているのだろうか。同じような思いを抱えて図書館で働いているのか。それを実際に会って聞いてみたいと思いました。本に書いてあることを読むだけではわからない、現場で働く司書の生の声を聞いてみたかったのです。事件は現場で起きますから。研修とはいえ、実際にドイツの図書館で働いてみると、ドイツの司書は日本の司書ほど疲弊しているようには見えませんでした。

ドイツではほとんどの図書館で利用は有料で、細かいと感じるさまざまなことまで料金が設定されています。対価が発生するというルールは、利用者自身にも責任を課していることを示しています。司書の責任と利用者の責任がある程度明確になっているため、司書にかかる負担が日本に比べれば少ないのではないかと思いました。

レーゲンスブルク街歩き

ある日、何百年もかけて建設されたこの街のシンボルであるレーゲンスブルク大聖堂に連れて行ってもらいました。この日は、大聖堂のスズメたちと呼ばれる合唱団が讃美歌を歌っていました。大聖堂に響き渡る天使？　いやスズメたちの歌声に私は感動しました。そしてその歌声を聴きながら私は自分の暮らすこのレーゲンスブルクという街のことをもっと知りたくなりました。

それまで空いた時間を漫然と過ごしていた自分のことを振り返り、後悔しました。自分の足で歩き、情報を得る。そして見聞を広めることは、なんて楽しく面白いことでしょうか。レーゲンスブルク大聖堂とドナウ川に架かるドイツ最古の石橋が表紙になっている『REGENSBURG』（Marion Schmid 1985）にはドイツ語、英語、フランス語、スペイン語、イタリア語の五か国語で、地図と共に世界遺産でもあるレーゲンスブルクの歴史や観光名所のこと、そして大聖堂のスズメたちのことが書かれていました。解説をしてくれる人がいない中で外国の観光名所を訪問した時は、このようなその街について書かれている本を街の本屋や図書館で探してみてはいかがでしょうか。日本で販売されているガイドブックにはない地元の穴場やそこに暮らす人々がこよなく愛す場所や料理、風習に出合えるかもしれません。

ちなみにこのレーゲンスブルクにあるトゥルン・ウント・タクシス城は、漫画『オルフェウスの窓』（池田理代子　集英社）の舞台になった城です。この『オルフェウスの窓』は宝塚歌劇団でも演じられ、そのいくつかの場面で出てくる場所が街に点在しています。残念ながらドイツで発行されているこの本には『オルフェウスの窓』についての記載はありませんでしたけれど（笑）。

大林 正智 おおばやし・まさとし

愛知県豊橋市出身。
人生のだいたい半分ぐらい（?）のところで図書館道に堕ちる。
現在も堕ちたまま。
日本ロック図書館協会（ＪＲＬＡ）認定ＲＯＣＫ司書００００
１号。しかしその後認定希望者が現れず意気消沈中。
「好きなＮＤＣは?」と聞かれたら「７６４・７!」と答えよう
と待ち構えているが誰にも聞かれない。
座右の銘は「Never Mind the Bollocks!」
「マニコレ」２度目の共編著者登板に身の引き締まる思い（比喩）。

干しきのこ的、郵便的

返却ポストをさらってから帰ろう、と思い確認すると、返却本の中に郵便物が混じっていました。この図書館の返却ポストと郵便受けは別なのですが、郵便屋さん、新人さんになったのかな。

その郵便物の中に、きのこ先生からのハガキがありました。きのこ狩りを楽しんでいる人たちの写真が載った絵ハガキです。きのこ狩りの風景？『カスハガの世界』（みうらじゅん　講談社　１９９８年）なんて本があったな、と思い出します。いえ、もちろん先生からいただいたハガキを「カスハガ」だなんて言いません。

きのこ先生というのは、私の勤める図書館のヘビーユーザーで、きのこ研究家にしてきのこ文学者、そして現在は美味しいきのこを探して世界を旅するきのこ料理研究家でもあります。きのこ好きが高じてか、ときどきご自身の姿をきのこに変えてしまう、という不思議な方です。

ハガキには一文だけ、「干しきのこの戻し方が少しわかってきたような気がしています」とありました。こういうのが先生らしい。四六時中きのこのことばかり考えているんですね。それでも私と図書館のことを思い出してくれたんだな、と嬉しくなりました。

切手と消印を見ると、どうやら東欧のあたりにいらっしゃるようです。前回くださったハガキには「新鮮なきのこと粉パプリカの組み合わせが気に入っています」とありました。こんなふうに、いつもきのこのことしか書かれていないので、先生がどんなところでどんなふうに暮らしているのか想像もつきません。どんなお店でこの絵ハガキを買って、どんな机で宛先の図書館の住所を書き、どんな郵便ポストに投函したのだろう。

そうだ、郵便ポスト。私は書架に行って『世界の郵便ポスト』（酒井正雄　講談社エディトリアル　2015年）を手に取りました。この本は、著者が実際に訪れて撮影した196カ国の郵便ポストの写真を収めたものです。なるほど、世界には様々なポストがあるのだな、と納得させられます。ポストの写真だけでなく、その国の郵便事情や旅の顛末などが書かれている旅行記としても楽しめます。しかしポストの写真を撮るために旅行に、世界中に出かけていくというのは、ちょっと想像できない。面白い人っているもんだな、と思うのですが、きのこを求めて世界中を旅する人からハガキをもらったところだった、と気がついて楽しくなってしまいました。

ポストの写真はかなり珍しい趣味だと思うけれど、「郵便趣味」自体はポピュラーです。切手収集や消印収集、貯金通帳に訪問の記録を残す「旅行貯金」など様々なものがあります。日本の郵便局を1万局以上訪れたなんて強者も（『郵便局を訪ねて1万局　東へ西へ「郵ちゃん」が行く』佐滝剛弘　光文社　2007年）。

「郵便」というものに、人を惹きつける何かがあるのでしょう。小説などのモチーフにも取り上げられます。

『山の郵便配達』（彭見明著　大木康訳　集英社　2001年）は、引退する郵便配達人と跡を継ぐ息子の「郵便配達の旅」の物語。郵便を届けるというのがどんな仕事なのか、じわじわと伝わってくる小説です。

また『ポスト・オフィス』（チャールズ・ブコウスキー著　坂口緑訳　学習研究社　1996年）では、郵便局の仕事が過酷な労働として描かれています。品行方正な郵便局員とは言い難い主人公チナスキーのダメ人間っぷりが面白く哀しいのですが、そんな彼が職業として郵便に携わるというところが不思議でもあり、深い意味があるのではと考えさせられてしまいます。

返却本の処理をして、なぜハガキが本の返却ポストに入っていたのかな、とぼんやり考えていると、ふと「ハガキも本なのではないか」と思いつきます。ハガキを含む郵便物は人に情報やメッセージを伝えるもの。それは本もそうなのではないか。逆にも考えられます。「本は郵便なのではないか」。本が郵便だとすると、図書館はある種の郵便局である、ということになる。

郵便物には宛名が書かれています。だから宛先に届けることができる。本には（特殊な場合を除いて）宛名が書かれていない。それは本が不特定多数の人に向けて書かれているからです。不特定多数とはいえ、誰かに向けて発信されたメッセージを、本に関わる人たちは預かり、届ける過程にいる、と考えることができます。

誰かが発した（物理的には）小さな情報が、編集され、紙に印刷され、製本され、図書館や書店の棚に並び、またはインターネット空間に置かれ、誰かのところに届く。日常的に行われていることだけど、これを郵便と考えると、何か奇跡的なことのように思えてくるのでした。

本は時空を超えた郵便物、そして図書館は局留めの郵便物を預かる郵便局なのだ。

そうこうしているうちに閉館時刻になり、フロアには私と大量の「郵便物」だけが残されていました。私はもう一度、先生からのハガキを読み返してみます。

「干しきのこの戻し方が少しわかってきたような気がしています」

この一文だけ。つくづくおかしな人だなあ、と思いました。干しきのこは美味しいものです。

私もエリンギやシメジ、エノキなどで作って、スープなどに使います。なぜ干すことでそうなるのかは知りませんが、そのまま食べるよりも旨味が増すことは確かに感じます。ただ、戻し方のことは考えたことがありませんでした。そう言われてみると、戻し方で味が変わるんだろうということは想像できるのですが。

もしや。私はフロアを見回してみました。あの不思議な先生のことですから、ハガキと同時に現れて、館内できのこの姿になっているかもしれない！　しかしそんなことはありませんでした。静まり返った館内には変わらず、私と「郵便物」だけ。

そのとき、突然思いついたのです。この「郵便物」たちも「きのこ」なのでは、と。長い年月を経て「古典」と呼ばれるようになったこの本は、水分がなくなってからからに乾き、旨味を格段に増した干しきのこ。先月出たばかりで評判の良いあの本は、弾力があり香りの良いフレッシュなきのこ。それぞれの味があり、香りがあり、食感がある。

そのそれぞれの良さを、読者に、いや、郵便物の受取人に、伝えられているだろうか。干しきのこの戻し方を研究しているだろうか。新鮮なきのこに合わせる粉パプリカをしっかりと吟味しているだろうか。もっともっと、資料や情報について勉強しなければ。そしてもちろん受取人のことを知らなければ。とあらためて思ったのでした。

郵便は本だし、本はきのこだし、きのこは郵便だ。なんだかわからないけれど、きのこ先生はいつも私に考えるきっかけをくれるのです。

しかし今日はもう帰ろう。階段を上って館内が一望できる場所に立った私は、先生にお礼を言いたくなって、もう一度、人間大のきのこが生えていないか、目を凝らして探したのでした。

ヒマな司書とアサガオの咲くまち

図書館への道、いつも曲がるところのひとつ前の角で曲がってみた。特に理由もなく。するとみごとなアサガオの生垣があった。運動のために、図書館へは歩いていくことにしているが、この道は初めてだったようだ。たまには歩く道を変えてみるものだ。それぐらい立派なアサガオだ。しかしアサガオというと子どもの夏休みの観察絵日記になるような、夏の花だと思っていたが、もう10月だ。こんな季節まで咲いているものなんだな。しばらく眺めていたが、誰も出てこないので、図書館へ向かった。そうだ、いつもの司書君がいたら、話のネタにしてみよう。

図書館に着いて、相談を受け付けている小さなカウンターへ向かう。レファレンス・カウンターというそうだ。いるいる。遠目に眺めると、パソコンに向かって何か作業をしているようだ。近づいていくと、さっと顔を上げる。センサーでもついているのか。

「こんにちは。今日は少し涼しめですかね。歩いてこられたんですか？」

「こんにちは。散歩がてら来たよ。忙しそうだね」

「ヒマです」

即答だ。

「公務に携わる人間がヒマとか言っててだいじょうぶなの？」

「だいじょうぶです。相手を見て言ってますから」

これも即答。こういうのにつられて、ついつい話しかけてしまうのだ。本当は忙しいんだろうに。

「今日さ、ここへ来るのにいつもと違う道を通ってみたんだよ。そしたらすごくいいアサガオの生垣があってね。アサガオいいなあ、って」

「ラーメン屋さんの角を入ったところですか？　あれは立派ですね」

「そうそう。で、アサガオ関係の本、何かないかな、と思って」

「お探ししましょう。ではとりあえずこれを見て待っていてください」

と言って渡されたのは近くにあった『原色牧野植物大図鑑』（牧野富太郎著　本田正次編　北隆館　1986年）。分厚くて重い本だ。まずは索引、と彼が言ってたな。アサガオ、と、452ページ。何々？　茎はつる性で逆毛があり、左巻きで他物にまつわり……って巻く向きって決まってるのか。つぼみは筆頭状で右巻き！　こっちは右巻きか。花冠は漏斗状、と。上手いこと言うね。いやあ、この数行だけで知らないことがいっぱいだ。

「お待たせしました。何冊か持ってきましたよ」

まず初めに取り出したのが『アサガオの絵本』（渡辺好孝　へん　上田みゆき　え　農山漁村文化協会　2001年）。これは「そだててあそぼう」というシリーズの本だ。以前も何か植物のことを聞いたときに出してもらったな。

「子ども向けですけど、わかりやすいし、なかなか内容も深いんですよ」

それから『花の歳時記 秋』（鍵和田秞《ゆう》子監修　講談社　2004年）。

「これもアサガオの記述があったんで持ってきました」

歳時記ってのは俳句のための本だよな。しかも秋？

そして『利休の逸話』（筒井紘一　淡交社　2013年）。

「これも何かアサガオ関係が……」

利休って茶人の千利休か。アサガオを育ててたのかな？

彼はひと通り、それぞれの本のどのへんにアサガオのことが書いてあるか、という説明をすると「ご案内しましょう」と言って先に立ち、植物のコーナーに連れていってくれた。「後はご自由にお選びください」というわけだ。私は本棚を眺めてから閲覧用の席を確保すると、まずは持ってきてもらった本をめくった。

『アサガオの絵本』を開いてみる。まず最初に「アサガオにつるべとられて、もらい水（千代女）」とある。聞いたことがある俳句だ。ははあ、これで俳句の本も出してくれたってわけかな。そう思うとこの絵も俳画っぽくも見える。アサガオって江戸のイメージなんだな。

しかし内容たっぷりの絵本だ。歴史的、文化的な話に生物学的な知識、育て方に花を使った工作まで。ひとつとして知っていることがなかった。

江戸時代に一世を風靡したという「変化アサガオ」なんて言葉は初めて聞いた。突然変異を起こしやすい性質を利用して、いろいろと変わった色や形の花や葉のアサガオが作られ、人気を博したのだそうだ。

それから「夏がすぎてもきちんと水やりをしてれば、10月半ばごろまで元気に花を咲かせる」とある。そうか、今咲いていてもおかしくないんだな。歳時記が「秋」だったのもそういうわけか。

絵本1冊で充実した時間を過ごせた。後は借りていって家でゆっくり読もう。『原色牧野』は重いので返して、薦めてもらった本と、棚で見つけた『大人が楽しむアサガオＢＯＯＫ』

（田旗裕也・浅岡みどり　家の光協会　２０１０年）を追加して借りることにした。カウンターへ『原色牧野』を返しにいくと、またもや司書君のセンサーが作動して、待っていたように顔を上げた。

「楽しんでいただけるといいんですが」

「ありがとう。そうするよ」

帰りもアサガオの生垣の前を通ったが、すでに朝の元気はなかった。これはこれで悪くないな、と思った。面白いものだ。

まずは『花の歳時記 秋』を開く。「凡例」によると、この秋の巻には立秋（8月8日頃）から立冬（11月8日頃）の前日までの季語を収録した、とのことだった。それならばアサガオが秋の巻にあってもおかしくない。俳句を作ろうなんて考えたこともなかったから、季語を気にしたこともなかった。知らないことはたくさんある、というか知らないことばかりだ。

ぱらぱらと見ていくと「林檎」も秋の季語だそうだ。リンゴとアサガオが同じ季節なんて、ちょっと意外だが、確かに立冬の前には出回っている。季節の見方が変わりそうだ。

そうやって読んでいっても面白そうだったが、まずはアサガオに戻ろう。索引、索引。「朝顔」は92ページ。花の説明がある。逆毛が生えて花は漏斗状、と。そうそう。「日中に萎れている姿には侘しい風情がある」だって？　そうだ、さっきそんなふうに感じたのだった。自分が思ったことが、すぐ後に読んだ本に書いてある。不思議な感覚だ。

その後に俳句が（「名句鑑賞」1句も含めて）21句、紹介されている（「つるべとられて」はここにはなかった）。

あさがほに我は食《めし》くふをとこ哉　　芭蕉

何だかわからないけれど、いい。何食わぬ顔で食事する「をとこ」の姿が見えるようだ。咲いたばかりのアサガオとともに健康的な朝食、ということなのだろうけれど、二日酔いで遅く起きた昼前に萎びたアサガオを見ながら反省の昼食、でもいいんじゃないか、と思う。かと思えばこんな句も。

朝顔や百たび訪はば母死なむ　　永田耕衣

秋が終わるころに母は死ぬだろう、と。それまで毎朝花を咲かせるであろうアサガオの生命力との対比。凄まじい。

それからこんな句。

朝顔の深きところの濡れてをり　綾部仁喜

これはもう何とも言えない。

アサガオと俳句で一日過ぎた。いい日だった。


翌朝は早く目が覚めて、アサガオを見ずに（我が家にはアサガオはないので）家人と朝食。前日見たアサガオの話をすると、家でも育ててみたい、と言う。今年は間に合わないから来年として、小さな庭に植物があるのはいいかもしれない。時間もある。

次に『大人が楽しむアサガオＢＯＯＫ』を読む。こちらは土の作り方、種まきから始まって、細かく丁寧な育て方の説明がある。基本的な「あんどん」以外にも、寄せ植えや緑のカーテンなど、アレンジもいろいろとあるようだ。これはやってみたくなる。

種の入手方法について、極めて多くの品種があるが「その多くは、各地にある朝顔同好会のメンバーなどによって種とりを繰り返しながら、つくり続けられているもので、ほとんど種は市販されていません」とある。そんな世界があったとは。

またこの本でも「変化アサガオ」について書かれていた。「変化アサガオ」を作った江戸時代の人々は、メンデルの遺伝の法則発表以前から遺伝の仕組みを理解していたという。しかし系統の維持が難しく、人々の関心の推移もあって、次第に失われていった、とのことだった。アサガオにも歴史がある。

続けて『利休の逸話』を。司書君が付箋をつけてくれていたところを開くと「朝顔の花を一輪入れる」とある。こんな話だ。

利休の庭のアサガオがみごとだ、と聞いた秀吉が茶会に行ってみると、庭にはアサガオは咲いていない。興ざめに思うが、小座敷に入ると、色鮮やかなアサガオが一輪、床の間に入れてあった。

これはなかなか考えさせられる話だ。「演出」とか「緩急」とか「もてなし」なんて言葉を連想させる。ただ好みはわかれるところだろう。一輪の花を引き立てるために、他の花を摘んでしまったのだとしたら、万人受けする演出とは言えないのではないか。しかしもしかすると摘んだ花を押し花にして誰かにプレゼントしたかもしれないし、色水にして絵を描いたかもしれない。

付記には、咲き誇った花を取り払って、一輪だけ床に入れて客を驚かせようなどというのは利休の本来の心とは違う、という説もある、というようなことが書かれている。しかし、アサガオの花を趣向とした茶会であるからには一輪の花、というのが利休の美意識なのだ、と。

結果的に秀吉はこの演出を喜んだのだそうだ。これは相手によるのかなあ、とも思えるけど、秀吉ならこの手を気に入るだろう、という計算も利休にはあったのかもしれない。とにかく考えに考えた、という感じがするのが面白い。利休というのはどういう人なのだろう、と思わせるエピソードだ。

本を閉じて表紙を見ると、ここにもひとつエピソードが書かれている。炉と風炉の茶の湯の違い、夏と冬の茶の湯の心得、極意を尋ねた人に利休はこう答えた。

「夏はいかにも涼しく、冬はいかにも暖かく風情をつくり、炭は湯がわくように置き、茶は飲みかげんのよいように点てる。これが侘び茶の秘伝です」

腹立つだろうなあ、実際に言われたら、と思うと同時に、当たり前のことをやることがいかに難しいか、ということを示すエピソードで、利休への興味が増す。

さらに「アサガオ関係の本」を求めた私に俳句や茶の湯に関する本を薦めた司書君についても考える。なぜこういう本を私に差し出したのか。今度図書館に行ったら聞かずにはいられないな、と思った。


遠目に様子を見てみる。今日は書類に何か書き込んでいるようだ。そろそろと近づいていくと、やはりセンサーが働いた。

「ヒマです」

「まだ何も聞いてないよ」

「だいじょうぶです。相手を見て言ってますから。アサガオの本、どうでしたか？」

「どれも面白かったよ。でもさ、何で歳時記なんだ？　どうして利休なんだ？　それが知りたい」

「もしかしてお気に召しませんでしたか？」

「いや、お気に召したよ。召しすぎて聞きたくなったんだ。どうしてこういう本を薦めたのか」

「そうですか。今、お時間だいじょうぶですか？」

「ヒマだよ」

「本当に？」

「相手を見て言っている。ヒマだ」

「ははは、じゃあ演説しちゃおうかな」

「存分にしてくれ」

「図書館の機能とか役割って、たくさんありすぎてひと言では言えないし、口幅ったいので話すことはめったにないんですけど、今日はちょっと言っちゃうと、ひとつは「まちを楽しくする」ことなんじゃないかな、って思ってるんです」

「まちを楽しくする……」

「そう、例えばある方がアサガオに関心をもったとする。図書館でアサガオについての本を借りる。例えばその本を参考にご自宅の庭に素敵な生垣を作る。それを見た人が「いいな」って思う。もしかしたら「素敵なアサガオですね」って言うかもしれない。そして会話が生まれる。これって「まちを楽しくする」ことなんじゃないかな。もちろん図書館がそれをしたってことじゃなくて、「まちを楽しくする」人のお手伝いをした、ってことになるんでしょうけど」

「そうか。そうだな、図書館の役割か。それはわかる気がする。で、歳時記や利休だよ。それはどういうことなんだろう」

「それも同じです。ある方がアサガオを入り口にして俳句に興味をもつ。俳句の本を図書館でたくさん読んでもらって、いつか句集を出したときには図書館に寄贈してもらえたら嬉しいな、なんて。これも「まちを楽しくする」でしょう？　またはご自宅で茶会を開くようになって、庭のアサガオを全部取り払って床の間に一輪だけ入れてたりしたら……。想像するだけで「まちを楽しくする」でしょう？」

「ああ、確かに楽しいな。しかしそんなにうまくいくもんかね？」

「いつもうまくいくとは限りませんね。むしろうまくいかないのが普通かもしれません。しかし「まちを楽しくする」可能性は捨てたくないんです。ここに並んでいるたくさんの本の一冊一冊に、その可能性が秘められている、と私は思ってるんです」

　そう言われて私は周りを見渡した。何万冊だか何十万冊だかの本、一冊一冊に秘められた可能性のことを思うと、ここがすごい場所に見えてくる。

「もちろん、趣味を押しつけることや行動を促すことは司書の仕事ではありません。生垣を作りたいという人にはそういう本を、寄せ植えを始めたいという人にはそういう情報を届けるのが私の仕事だと思っています。ただ、今回の「アサガオ」について、お求めの本はもしかしたらこういうものなんじゃないか、と思ったんですね。それが「まちを楽しくする」ことに繋がればいいな、とも考えつつ」

「そういうことを考えて仕事をしてるんだね。こういう話を聞くのは好きだ。また聞かせてもらえると嬉しいな。忙しいところ申し訳ないが」

「演説はそうそうしませんよ。でも何かお尋ねのことがあればいつでも。たいていヒマなんですから」

「そうかい、じゃ利休の本で何かいいのあるかな?」

「お探ししましょう」


また何冊か本を借りて帰った。アサガオの生垣の前を通ると、年配の男性が出てくるところだった。私は自然と話しかけていた。

「素敵なアサガオですね」と。

世界の終わりは君といっしょに

Ω月α日

瓦礫の中で、なんとか風雨をしのげそうな建物にたどり着く。入ってみるとそこは図書館だった。君がいたらどんな顔をしただろう。結局また図書館か。内部の状態もさほど悪くなく、家具も使えるし、ほこりをかぶってはいるが、本や雑誌は読めそうなものが多い。

探索してみると、人に出会うことはできなかったが、飲料水と非常食が見つかる。これでしばらくは生き延びられる。しかし移動手段は尽きてしまった。もしかするとここが終の棲家になるのか。たくさんの本に囲まれて眠るのは初めてだったが、意外と落ち着くものだと思った。

Ω月β日

晴れていて明るい日。外に出てもやることがないので本を読もう。時間はたっぷりあるし、本も山ほどある。考えてみれば、本なんてずっと読んでなかったのだ。日当たりのよい場所にあるソファのほこりを払って腰かける。

何となく手に取ったのが『わけあって絶滅しました。世界一おもしろい絶滅したいきもの図鑑』（今泉忠明監修　丸山貴史著　サトウマサノリ・ウエタケヨーコ絵　ダイヤモンド社　2018年）。絶滅したいきものが、それぞれの絶滅の理由を一人称で語る、というスタイル。漢字にフリガナが振ってあるので子ども向けみたいだが、大人が読んでも面白い。「笑いすぎて絶滅したワライフクロウ」とか「くちばしが特殊すぎて絶滅したユミハシハワイミツスイ」とか、思いつかないような理由で絶滅したいきものがいたんだな、と思うが、読んでみると納得はする。進化は「ほどほど」で止まらない。所与の環境にあわせて進化しつづけると、環境が変わったときに不利になるということだろう。

「想像力がたりなくて絶滅したネアンデルタール人」というのもちょっと乱暴だが考えさせられる。ヒトよりも力が強く脳も大きかったネアンデルタール人は、神を想像して群れの結束を固めたヒトに数の力で負けてしまったのだという。ヒトの特長が想像力だとしたら、それを進化させつづけたとき不利になる「環境の変化」とはどういうものなのだろう。

この本には「大きな絶滅の後には、大進化をとげる生き物がいる」が「人間による絶滅はつぎの進化した動物をうみ出さない」とある。では「人間による人間の絶滅」についてはどうなのだろう。次に来る動物はいるのかどうか。
考えていると日が落ちてきた。電気はもちろん通っていない。星が見える、星しか見えないソファで、ぼくは眠った。

Ω月γ日
今日も館内で本を読む。「レッドデータ」という字が目に飛び込んできて気になった『RDGレッドデータガール』（荻原規子　角川書店　2008年）。君が「紙の本を扱う私たちの仕事って「絶滅危惧職種」なのかな」と言っていたのを思い出す。そのときは紙の本（は万が一なくなったとしても「本」という概念がなくなりはしないだろうという前提で）や、図書館の未来を案じて議論したものだったが、「本」や「図書館」がなくなるどころか、人類がこうなってしまった今となっては、その議論も虚しい。
『RDG』は、「姫神」が憑依する家系の少女の成長を描いたファンタジー。人物の描写が丁寧で、超自然的な設定をリアルに感じさせる、読ませる小説だ。全6巻のシリーズだが、一日で読んでしまった。
ファンタジーやSFなどの物語は、現実には起こり得ないという前提のもとに楽しむものだと思っていた。現実がフィクションを超えてしまったと感じたときに、フィクションの存在価値はどうなるのか、と考えていたが、実際、こんなふうになってしまった世界の中で、不思議な物語を楽しめるというのは意外だった。どんな状況でも、人は物語を求めるのか。いや、これはぼく個人の受け取り方なのか。

「絶滅危惧職種」なんて言葉を使った君だから、この本は読んでいたかもしれない。感想を聞くことができればよかったのに、と思った。

Ω月δ日

館内を歩き回る。保管されている新聞や雑誌の日付を見ると、おおよそ20××年で止まっている。それぐらいまでは出版とか印刷とかができていたということだろう。雑誌はどんどん薄く、新聞は発行頻度が毎日でなくなり、やがて途絶える。こうやってひとつの文化が終わっていったんだな、という、最後の息遣いが感じられた。

レッドデータ、という文字がたくさん並んでいる棚に出くわす。手に取った一冊は『改訂日本の絶滅のおそれのある野生生物　レッドデータブック1　哺乳類』（環境省自然環境局野生生物課編　自然環境研究センター　2002年）。古い本だが、今となっては古いも新しいもない。

口絵の写真を見ると可愛い動物たちだ。絶滅が危惧される動物というと、白黒の、フィルムの劣化したような写真に写ったものを想像するが、そんなことはない。どれも鮮明な写真で、こんなふうに撮影できたのに絶滅の危機に瀕していたのか、と意外に思う。

コウモリが多い。ダイトウオオコウモリ、オガサワラオオコウモリ、ヤンバルホオヒゲコウモリ、シナノホオヒゲコウモリ。どれも名前に地名がついている。限られた地域だけに生息する生物は、元々個体数も少ないだろうし、環境の変化に対応しにくいだろうな、とは思う。思うけれども。

先に進むと、新しくなったカテゴリーについて説明している。「絶滅（EX）」の下に「野生絶滅（EW）」とあり、「飼育・栽培下でのみ存続している種」と説明があった。「野生絶滅（EW）」か。人間はここに入るのだろうか、とくだらないことを思う。少なくとも「絶滅（EX）」ではない。

また「存続を脅かしている原因のタイプ区分」という表がある。区分は「その他」「不明」を合わせて28。森林伐採、湖沼開発、河川開発、ゴルフ場、スキー場などといったものに続いて「踏みつけ」などという区分もあった。踏みつけられて絶滅。『わけあって絶滅しました』に掲載決定だ。火山噴火や近交化進行といったものを除くと、ほとんどの原因が人間由来であることは明らかだった。人間とはそういうものだったということだろう。

この本には、タイトルに反して、すでに絶滅してしまった生物についても書かれていた。オキナワオオコウモリ、オガサワラアブラコウモリ、エゾオオカミ、ニホンオオカミの4種だ。

オキナワオオコウモリは所在が明確な標本は大英自然史博物館に2頭、オガサワラオオコウモリについては同博物館に1頭保管されているのみ、という。同博物館の凄さというか、執念というかを感じる。もし、大英自然史博物館の学芸員が、地球に残された人類最後のひとりが自分だと認識したら、彼(女)は自分を標本化しようという欲望に駆られたりするのだろうか。絶滅しようとしている(していた?)生物の分布域や個体数、生息地の現況などを読んでいると、何とも言えない複雑な気分になる。「ヒト」はいつここに書き加えられるのか、もう書き加えられたのか。どの分類に。それを書き込むのは誰なのか。そんなことを考えてしまうからだ。実際のところ、もうこのレッドデータブックを更新する力は「ヒト」にはないのではないか。少なくともぼくからは、そんな力をもったヒトが存在するようには見えない。

しかし、もしかしたら。とも考える。ヒトがいなくなってしまったのは、ぼくが住んでいたところ、通ってきた地域だけで、他の場所では以前と変わらずヒトは繁栄を続けていて「あそこの地区も終わりだね」などと言っているのではないか。何か奇跡的なことが起こって、君がそこにいて生きていてくれたら、と思う。

暗くなってきた。もう本は読めない。非常食を少しだけ齧って、水を口に含んで、眠った。

Ω月ε日

晴。今日も館内を歩き回る。歩き回っていると、この場所に愛着が湧いてくる。「図書館の中に住みたい」と言っていた君を思い出す。いくらなんでも仕事好きすぎるだろう、と笑ったのだけれど、その仕事好き、図書館好きで結局こういうことになったと思うとまったく笑えない。

「人が来ない図書館を守り続けるなんて意味ない。生き延びることに力を使おうよ」と言うぼく。

「一般論としてはそっちが正しい。だからあなたは行って。でもね、私は残る」という君。何度も話し合ったけど、結局歩み寄ることはなく、ぼくは出てきてしまった。後悔はあるけれど、それは君を説得できなかったことに対する後悔で、今でも他の選択肢があったようには思えない。君もぼくも頑固だった、救いようがなく。

何度も考えたことをまた反芻している。気分を変えて、本を読もう。

『全国版あの日のエロ本自販機探訪記』（黒沢哲哉著・撮影　双葉社　2017年）。図書館で「エロ本」という文字を見るのは意外だったけど、ちょっと笑えて、ノスタルジックで、なかなかいいタイトルじゃないか、と思う。内容はまさにタイトルそのままで、当時「絶滅危惧種」だった、エロ本自販機を探訪し、記録に残したものだ。それぞれ佇まいに趣のある自販機の写真も味わい深いが、興味を引くのは自販機がなくなっていく過程や理由を読み解く部分だった。絶滅は何となく起こるのではなく、やはり「わけあって」そうなるのだということがわかる。

ぼくがたまに通る道にあった自販機の写真も紹介されていたが、この本が出た時点で、もうなくなっていたようだ。見た記憶があるな、というぐらいに思っているうちに絶滅している、またはその危機に瀕しているというのは、生物も自販機も同じなのかもしれない。

何かがなくなろうとする。その何かに価値を認める人から保護しようという動きが出る。その結果、その何かが残ったり、残らなかったりする。その「価値」はどのように見いだされるのだろう。

君が以前話していた「本の生態系」のことを思い出す。著者から始まり、編集者の手を経て、出版され、流通し、読者に届けられる本。その読者がいずれ著者となって新たな本を生み出していく、その大きな流れを君は「本の生態系」と呼んでいた。もちろん図書館もその生態系の中で生きているのだ、と。その中の何かが（例えば図書館が。例えばリアル書店が。例えば紙の本が）なくなってしまったとき、生態系はバランスをとり続けることができるものなのだろうか、と君は言っていた。

エロ本自販機もその生態系の中に含まれると、君は考えただろうか。一見、絶滅してしまっても出版流通という流れに大きな影響を与えるとは思えないエロ本自販機。しかし実は……ということがあったのか、ありえたのか。

トウキョウトガリネズミがいなくなっても、イリオモテヤマネコがいなくなっても、ぼくたちの生きる環境に変化が起こるようには思えない。しかし本当のところはどうなのだろう。

エロ本自販機は別としても、図書館にはずいぶんたくさんの「絶滅」や「絶滅危惧」、「レッドデータ」に関する本があるようだ。ヒトの「絶滅」への関心の高さがうかがえる。「絶滅」に関する本を書く人がいて、出版されて、少なくともある程度は売れて、図書館にも置かれ、少なくともある程度は読まれたはずだ。だったら、とどうしても思ってしまう。なぜこんなことになってしまったのか。おそらく著者たちには危機感があったはずだ。図書館もそういう本を集めたからには意識がそこに行っていたのではないか。読者もそれを共有しただろうと思える。しかし自分たちの絶滅については、まったく他人事でしかなかったのか。もちろんこれはぼく自身にも言えることなのだけれど。
激しい雨が、見渡す限りの瓦礫の山に降り注いでいる。瓦礫と雨と図書館と本とぼく。ただそれだけのシンプルな世界。君はこの世界のどこにいるのか。

Ω月ζ日
朝早く目が覚めた。雨が上がって、空が青い。何かいいことがありそうな気がするが、この状況で起こり得る「いいこと」というのが、何も思いつかない。空気が澄んだせいか、視界がスッキリして遠くまで見渡せるようだ。もちろん見渡せるのは瓦礫だけだけど。
絶滅から離れられず『これが見納め　絶滅危惧の生きものたち、最後の光景』（ダグラス・アダムス　マーク・カーワディン著　安原和見訳　みすず書房　２０１１年）を読み始める。ＳＦ作家と動物学者が絶滅危惧種の動物に会いに世界中を旅した記録だ。インドネシア、ザイール、ニュージーランド、中国、モーリシャス島を巡る、動物との出会いの旅は、同時にその動物を保護しようと奮闘するヒトとの出会いの旅でもある。
動物の絶滅を前にしているのに感傷的にも説教くさくもならず、笑って読めるのは、皮肉たっぷりで軽妙な作家の筆力のためだけでなく、このテーマが、ヒトの愚かさや哀しさ、そして面白さを包含しているからなのかもしれない。

紹介されている「シビラの書」が印象に残る。こんな話だ。

繁栄する古代都市に、あるとき老婆がやってきて、世界中の知識と知恵が書かれた12巻の書を黄金ひと袋で売りたいという。都市の人々は提示された価格の高さにそれを断る。すると老婆は12巻の書の半分をその場で焼き捨ててしまう。

翌年、老婆は戻ってきて、残った6巻の書を黄金ふた袋で売ろうという。都市の人々がそれを断ると、老婆はまたも書の半分、3巻を焼き捨てる。

その翌年も老婆はやってきて3巻の書を黄金4袋で売ろうとして断られ、2巻を焼き捨てる。さらに翌年、老婆は1巻の書に黄金16袋の値をつける。都市の人々は、ついにその価格で書を買わざるを得なくなる。

絶滅の危機にある動物と、それを保護しようとするヒトを目の当たりにしてきた作家には、人類が環境に対してやってきたことがこのように見えた、ということだろう。

しかし読後は明るい気分になる。保護活動家の前向きさとそれを描く作家の技量に、ヒトの愚かさを補って余りある信頼感を感じることができるからだろう。

動物学者は、これらの動物を保護する理由として「かれらがいなくなったら、世界はそれだけ貧しく、暗く、寂しい場所になってしまうから」と言っている。ぼくは読み終えて顔を上げた。陽光は瓦礫を照らし続けている。そこに生命の気配は感じられない。しかし。

もう一度、「絶滅危惧職種」の個体に会いに行こう。世界が豊かで、明るく、賑やかな場所である可能性を探ろう。

図書館は、閉じこもって終わりを待つような場所ではない。そこで得た知恵や勇気をもって、外の世界へ出ていくための場所だ。そう君に言おう。

世界の終わりなんてものが来るのなら、そのときは君といっしょに図書館を出ていこう。

栗生 育美　くりう・いくみ

おとなしそうなのは見せかけだけ、三度の飯よりブラックな話が好きな図書館員。かじゃ委員会（正式名称「かしまジャック実行推進委員会」）会員ナンバー5総務兼課報担当、日本図書館協会認定司書、大阪府吹田市立図書館勤務。和歌山県生まれ。晩酌をする父親の長～い世間話に毎晩終わりまで付き合うという、酒飲み英才教育を幼い頃から受ける。束の間の教員生活を経て、関西の図書館界に流れ着き酒豪の一人と噂されるようになる。お酒に飲まれない体質を存分に生かし、宴席を始め各所で秘密裏に課報活動を行っている。ただし、収集された情報が有益なものかどうかはまったくの不明である。

酒の虫、酒飲むし

お酒の場とコミュニティ

私は、右利きで「左利き」です。

あえてわかりづらい言い方をしましたが、利き手は右の「酒飲み」だという意味です。なぜ「酒飲み」を「左利き」と言うのでしょうか。語源辞典によると、鉱山で働く人が右手に金槌を持ち左手に鑿（のみ）を持つことから、「左手→鑿（のみ）手→飲み手→酒飲み」という流れで、「左利き」と言えば「酒飲み」を指すようになったということです。

幼い頃から教えられてきた我が家の家訓の一つに「お酒は楽しく飲むべし」があります。文字どおり、「お酒を飲むときは楽しく飲もう」ということなのですが、逆に言うと「悲しいわ」「えらいわ（しんどいわ）」「腹立つわ」といった、憂さ晴らしのヤケ酒は飲んではならないということです。

お酒を飲んで眠くなってもそのままゴロンと横になれるのが利点だったのか、父は毎晩、仕事から家にまっすぐ帰ってきて晩酌をしていました。幼い頃の私は食べるスピードが遅く、父の隣で必死に夕飯を食べていました。その折に、父から「（お酒を）あふれるぐらい、なみなみとおちょこに注いでもろたら、酒飲みは喜ぶんやで」とか、「（お酒が）まだ残ってんのに、とっくり片付けられたら（酒飲みは）怒るもんや」といった、酒飲み話をよく聞かせてもらいました。格好良く言えば、父のおもろい酒飲み話を聞いているうちに、お酒の場とは単にお酒を飲むだけではなく、いろんな人との会話が楽しめる魅力のあるところなのだと、理解したように思います。

その影響もあってか、社会人になって宴の場に参加するようになると、宴を楽しまれている人たちの様子を観察することが好きになりました。少量しか飲んでいないのに顔が真っ赤になりお酒を飲んだことが周りにすぐバレてしまう人、お酒の味は嫌いではないのに体質的にアルコールをまったく受け付けない人、翌朝尋ねると前夜の宴の記憶がまるっきり抜け落ちてしまっている人など、お酒に対する反応は人それぞれです。また、注文する飲み物——例えば、ビール、ワイン、日本酒、カクテル、ウーロン茶、オレンジジュースなど——と、その人物に対して抱いているイメージとが合っている場合もあれば、全然違う場合もあります。楽しまれているのは食事なのか、お酒なのか、はたまたその場の空気なのか。そういう宴の場の楽しみ方にもその人物の嗜好や人柄が表れることを興味深く感じ、私はついついじっと観察してしまいます。それに、宴の場には本音を引き出す雰囲気があるようで、お酒が飲める人とも飲めない人とも、普段の付き合いの中ではできない濃密な話ができるようにも感じます。自身の考えを熱心に語る姿を見るにつけ、「こんな人やったんや」「そんなこと考えてたんや」と新しい発見の連続です。

『知の進化論　百科全書・グーグル・人工知能』（野口悠紀雄　朝日新聞出版　２０１６年）で言われるように「かつて知識は秘密にされて」いました。現在、インターネットの環境が整備されたことにより、さまざまな情報が広く発信され、私たちも手軽に入手できるようになりました。けれども、本当に重要な情報はまだまだ隠れたところにあり、自ら収集に行かないとたどり着きません。そんなわけで、宴の場における観察行為を「諜報活動」と勝手に名付けて楽しんでいます。「諜報」と言っても、法に反する組織には属していませんし、地下での怪しげな活動も行っていません。合法的な活動ですので、どうかご安心を。とはいえ、観察される側にとってはあまり好ましい活動ではないことは承知しておりますが。

図書館には資料や情報がたくさん集まっていて、自分の好きな本を読んだり必要な文献を探したりできる場所だということは、私も学校や地域の図書館を利用して知ってはいました。しかし、市民の一番身近にある公共図書館で働いてみてはじめて、地域の方々の精力的な活動の様子がさまざま見えてきました。読み聞かせボランティアとして若い親御さんの子育てを支えていらっしゃる方や、特産品を世間に広く知ってもらいたいとあちこち走り回っていらっしゃる方など、活動されているみなさんの熱心さは、お酒の場で熱く語っている人たちにも引けをとりません。資料や情報を介して集まった地域の人々がつながりコミュニティがつくられる場。それが図書館であることを実感している毎日です。

お酒の場と歌

先に述べたように、お酒の場は人々がコミュニケーションを図る場であり、私にとっては情報収集の場でもあります。『居酒屋の世界史』（下田淳　講談社　２０１１年）において、中近世のイギリスでは居酒屋が商談や会合の場であったほか、銀行や食料等の販売所、投票所、裁判所、職業斡旋所の役割を果たしていたことが述べられ、居酒屋の多機能性が示されています。

お酒をめぐる文壇のコミュニティと言えば、雑誌『酒』が挙げられます。佐々木久子氏が編集長として40年ものあいだ発行された雑誌で、物書きたちがお酒についてのエッセイをこの雑誌に寄せていました。[1]

現在でも、歓送迎会、忘年会、新年会、女子会、お正月やお盆の親戚の集まりなど、お酒が登場する機会はごく身近に存在します。そして、その宴が一段落したところで、カラオケへと繰り出すことも多いのではないでしょうか。

いにしえから、宴の場に歌は付き物でした。ギリシアの歌を集めた『ギリシア詞華集』には、酒宴や飲酒への讃歌が採られています。一つ例を挙げると、医師からお酒ではなく水を飲みなさいと禁酒を促された大酒飲みが、「ホメロスが酒こそは人間の活力の源と言ったのも知らんのだ」と歌っています。実際のところ、吟遊詩人のホメロスがこのように言ったという記録は見当たらないそうで、なんとか口実を付けてお酒を飲もうとする酒飲みの姿がここにあります。あなたの周りにもこんな酒飲みはいらっしゃいませんか？

中国の漢詩にもお酒にまつわるものがたくさんあります。陶淵明、杜甫、李白、白楽天といった、誰でも一度は名前を聞いたことのあるような有名な詩人たちはみな、大のお酒好きだったことが知られています。『唐詩選』に収められている杜甫の「飲中八仙歌」という詩には8人の酒豪が出てきます。この詩の中で、杜甫は李白のことを「天性の詩人、飲めば飲むほど詩ができて、（お酒を）一斗飲むうちに百編も詩ができる」と酒飲み仲間として賞賛しています。

日本においてもお酒と歌は切っても切れない関係です。酒宴で和歌が詠まれたり、舞いとともに謡いが行われたことはみなさんもご存じかと思いますが、時代をさかのぼって記紀万葉の時代の人々も宴の場を楽しんでいたようで、『古事記』にも「酒楽之歌」という歌があります。

ちなみに、「宴（うたげ）」は、物事が完結して上がりの状態になるという「打ち上ぐ（うちあぐ）」が語源だそうで、現在もよく使われる「打ち上げ」につながる言葉だそうです。

懲りない酒飲み

過去のお酒の場をふりかえると、私は残念ながら非常に燃費が悪い体質らしく、たとえお酒の量が多くなっても、ふらふらになるまで酔っぱらうことはないようです。自分ではテンションが最高潮だったとしても、周りの方々も同じように盛り上がっているため、宴が進んでも私と周囲との落差は埋まらず、私が酔っていることは誰にも気づいてもらえないようです。

お酒を楽しめる体質に生み育ててくれた両親に感謝しつつ、今は酒飲み体質であることを長所と考え、話のネタにして遊んでいますが、ある時期までは自分自身で否定していました。酒飲みと認めることは、お酒が飲めない一種のかわいらしさを放棄するような気がしていたからだと思います。

それが完全な肯定に変わったのは、図書館員の先輩に連れて行ってもらったバーでのことでした。たいへん落ち着いた素敵な雰囲気の老舗バーで、私も精一杯背伸びをして大人っぽく振舞ってみたくなりました。それまではお菓子のボンボンでしか口にしたことのなかったウィスキーを、初めて飲み物として注文してみました。出されたグラスにはまんまるい氷が入っていて、美しさに驚くばかり。そのウィスキーを一口飲んで、広がる香りにすっかり魅了されました。「まだまだ子どもやし、全然おいしくないやんか」というせりふを周到に準備していたはずでしたが、口をついて出たのは、「あかん、これで酒飲み決定や」という言葉。その瞬間、完全にあきらめがついたというわけです。

ただ、いくらお酒がおいしいと感じても、飲みすぎないことが大切です。吉行淳之介は『酒場のたしなみ』（山本容朗編　有楽出版社　２０１４年）「二日酔に関する若干の考察」の中で、ひどい二日酔いをした知り合いの誰もがもう二度とお酒を飲まないと言うけれど、二日酔いが原因でお酒をやめた人は今まで聞いたことがないという話を書いています。[2]お酒を飲みすぎて反省したと見せかけて、実際はまったく懲りていないところが、いつの時代も変わらない酒飲みの愛すべきところと言えます。

「酒飲み」という言葉の響きはそもそも「ヤバい」雰囲気を醸し出しますが、『ヤバすぎる酒飲みたち！　歴史にあらわれた底なしの酒客列伝』（中本新一　社会評論社　２０１６年）というインパクトのある題名の本もあります。アルコール依存症と診断され断酒経験をし、お酒の功罪を知っている著者ゆえに書ける、酒豪たちの日本史の本です。

酒飲みの話と言えば、芥川龍之介の『酒虫』という作品が思い出されます。中国の短編怪奇小説集の『聊斎志異』から翻案した作品ですが、どれだけお酒を飲んでも酔わない劉大成という人物が主人公として登場します。彼のもとに立ち寄った僧が、劉が奇病にかかっていて、お腹の中にいる酒虫を取り除かないとその病は治らないと言います。僧に治療を頼むと、なんと本当に劉の体から酒虫が出てきます。その後、劉は酒が大嫌いになりますが、それだけに留まらず、健康も衰えてしまい資産も失ってしまったという話に展開します。

そして作者はこの話の最後に、以下のような代表的な解釈を示して、読者に劉の没落について考えさせます。

①酒虫は、劉の福であって、劉の病ではない
②酒虫は、劉の病であって、劉の福ではない
③酒虫は、劉の病でもなければ、劉の福でもない。（略）劉の一生から酒を除けば、後には、何も残らない。（略）劉が酒虫を去ったのは自ら己を殺したのも同然である

という3種類の解釈です。私の考えは③に近いのですが、劉にはお酒以外に何もなかったと

いうのは「いくらなんでも言いすぎちゃうか」とツッコミたくなります。劉の周りには一緒にお酒の場を楽しんでいた仲間がいたはずです。お酒が飲めなくなったことをきっかけに、劉自身がそのコミュニティを嫌って自分から関係を断ってしまったことが、健康を損ない資産を失う原因になったのではないかと、私は考えを巡らせています。

時折、「私の体ん中にも、酒虫が住んどるんちゃうか？」という疑惑が、ちらりと私の頭をよぎります。けれども、何だか人生が楽しくなくなりそうなので、たとえ周囲に強く勧められても酒虫の退治はするまいと心に決めています。

注

1　現在では、『「酒」と作家たち』（浦西和彦編　中央公論新社　２０１２年）や『私の酒　『酒』と作家たちⅡ』（浦西和彦編　中央公論新社　２０１６年）で、その一部を読むことができます。

2　お酒にまつわるエッセイや詩を集めた『酔っぱらい読本　１〜７』（講談社　１９７８〜１９７９年）を自ら編んでおり、吉行淳之介もまた酒飲みだと言えます。

参考文献

山口佳紀編『暮らしのことば　新語源辞典』講談社　２００８年

沓掛良彦訳『ギリシア詞華集3』京都大学学術出版会　２０１６年
沓掛良彦『古代西洋万華鏡　ギリシア・エピグラムにみる人々の生』法政大学出版局　２０１７年
串田久治・諸田龍美『漢詩酔談　酒を語り、詩に酔う』大修館書店　２０１５年
目加田誠『新釈漢文大系第19巻　唐詩選』明治書院　１９６４年
上野誠『万葉びとの宴』講談社　２０１４年
『芥川龍之介全集1』筑摩書房　１９８６年

スパイス・オブ・ライフ

カレーライス人気度調査

課報活動中に耳にする辛口の話も、相手の熱い話に相づちを打ちながら飲む辛口の日本酒も大好きですが、辛口の料理は私はそれほど得意ではありません。けれども、カレーライスとなれば、話は別。幼い頃から食べ慣れてきたせいかもしれません。辛いものが得意でなくてもカレーライスなら多少辛くても大丈夫、という方もいらっしゃるのではないでしょうか。

あなたはカレーライスを食べるときに何をかけますか？　こう尋ねられたら、みなさんは驚かれるかもしれませんが、母のカレーライスは甘口のカレールーを使っていたのでそれほど辛くはなく、私は食べるときにいつもウスターソースをかけて食べていました。『夫婦善哉』を書いた作家の織田作之助が好んで足繁く通った、大阪「自由軒」の名物カレーライスは、提供されるときにカレールーとライスが混ぜ合わされていて、食べるときに生卵とソースをかけることで有名です。『カレーライスの誕生』（小菅桂子　講談社　2002年）に示されているハウス食品の「カレー味つけ地域調査（1996年）」では、大阪でソースをかける人が22・6％、生卵をかける人は20・5%となっています。カレーライスは日本の国民食と言われますが、すでに家庭や地域で独自の食べ方が完成されているとも言えます。

カレーライスはどこから日本にやってきたのでしょうか? カレーの本場はご存じのとおりインドですが、『カレーライスと日本人』(森枝卓士 講談社 1989年)では、インド式のスパイスではなくイギリス式のカレー粉が日本に入ってきたことが、日本にカレーライスが広まる原因になったと説明されています。『幻の黒船カレーを追え』(水野仁輔 小学館 2017年)では、カレースターこと、カレー研究家の水野氏が世界を旅して、日本のカレーのルーツを探る様子が描かれています。世界に目を移すと『インドカレー伝』(リジー・コリンガム著 東郷えりか訳 河出書房新社 2006年)や『カレーの歴史 食の図書館』(コリーン・テイラー・セン著、竹田円訳 原書房 2013年)で、インド発祥のカレーは外国文化の融合の産物であること、そのカレーが世界中に広まり世界各国の食文化を支えていることなどが示されています。

国立国会図書館の食堂では、カレーと牛丼が一度に楽しめる「図書館カレー」や、インパクトのある大盛りのカレーが食べられることで知られています。[1] 私の勤めている図書館の館内で数年前まで営業していた食堂でも、やはりカレーライスが年齢や世代にかかわらず人気メニューでした。『食生活データ総合統計年報2018』(三冬社 2018年)という統計では、

「現代高校生の食生活」「ミドル・シニアの食生活」の2項目で「カレーライス」が好きな料理の上位に入っています。[2]

また、同統計において「中年男性の食生活」の「最もごはんが進むメニュー」という項目で、73・2％（複数回答）の支持を受けて「カレー」が堂々の1位になっています。カレーライスのお店をのぞいてみても中年男性の割合が多く、おっちゃんは間違いなくカレー好きだと、これといった根拠もなく私は確信していましたが、統計でその人気度が証明されています。

多角経営優良企業カレー

カレーライスが人気の理由の一つに「食べやすい」ということが考えられます。

例えば、神田の街は神保町の古書店街が特に有名ですが、カレーライスを提供する店も多くカレー激戦区になっています。カレーの街になった理由として、大学が多く創設されたことで書店が増え本屋街として発展した一方、本を読みながらスプーン1本で簡単に食べられるカレーライスのお店が多くできたと言われています。手軽に食べられるという理由で人気がある点では、サンドウィッチと一緒でしょうか（もちろん、おいしいことも大前提ですが）。この神田の街では毎年カレーグランプリが開かれており[3]、昨今では古書店の街とともにカレーの街というイメージも根付いています。

カレーライスの専門店はお客さんの回転率も高いため、カウンターだけのお店も多い気がします。パクパク食べて颯爽と去っていく人たちの姿を見て、カッコイイなあといつも思っています。かく言う田舎者の私は、お店に入るたびトッピングを何にするか悩み、同時にビールの誘惑に戸惑いながらモタモタと注文するので、カッコイイ人になるにはほど遠い道のりです。

話題を元に戻しましょう。カレーライスの人気を支えているのは「食べやすい」という理由だと先に述べましたが、「作りやすい」ことも人気の理由だと考えられます。市販のルーを使えば、家で作る場合も手間はかかりません。作り置きもしやすい一方で、カレーライスは子どもにも大人にも不動の人気メニューですから手抜き感も出ません。家庭料理の作り手の強い味方です。

この「作りやすい」という利点を最大限に極めたのがレトルトカレーです。袋を温めて盛りつければメイン料理になるため、その手軽さや便利さが忙しい現代人の人気を集め、カレーライスをさらに私たちの身近な料理メニューにしてくれています。また、長期保存に優れているため、防災の観点からも備蓄品として重宝されています。

このレトルトカレーは日本の発明で、大阪の大塚食品から生まれた「ボンカレー」がその始まりです。『新版　はじまりは大阪にあり！　大阪発ビジネスに学ぶ発想のヒント30』（井上理津子　清風堂書店　2016年）に詳しく書かれているとおり、日本初で、かつ世界初でもある市販用のレトルト食品です。

仮に、カレーそのものを企業体とみなすと、食べやすく作りやすいカレーは、日本料理に欠かせない「だし」並みの実力を持っている多角経営の優良企業です。うどんに、ピラフに、スープに、せんべいに――。日本におけるカレーの展開は多岐に渡っており、先述の『カレーライスの誕生』にあるとおり、即席カレーもカレー南蛮もカレーパンも実のところ日本で発明されたものです。その中でも、レトルトカレーが企業体カレーにおいて、営業トップの成績をおさめているに違いないと、私は妄想しています。

地元の特産品などを使ったご当地レトルトカレーは、お土産として人気があります。『日本全国ご当地レトルトカレー図鑑（カタログ）』（井上岳久監修　ダイアプレス　2017年）やカレー総合研究所のウェブサイト「レトルトカレー博物館」[4]では、商品パッケージとともに全国一覧で紹介されています。また、カレー売り場に本棚を設置し、箱入りのレトルトカレーを本に見立てて並べ、書店や図書館のように演出されているお店もあります[5]。企業体カレーの営業トップの手腕は功を奏し、2017年にはレトルトカレーの購入額がカレールーを上回ったそうです[6]。

「多角経営優良企業カレー」は単に私の妄想の中の企業ですが、現実にレトルトカレーを販売する企業と図書館とがつながった例があります。大阪港開港150年を記念して作られた「大阪港カレー」のパッケージには、大阪市立図書館のデジタルアーカイブのオープンデータ画像が活用されています[7]。

共通語カレーライスとコミュニティ

突然ですが、図書館の館内に、特定のテーマにそった資料の集められているコーナーがあることはご存じでしょうか？　図書館の書棚にはたくさんの資料が一定の分類法に従って並べられていますが、市民への情報提供を目的として選び出された資料が、特別に設置されたコーナーに並べられています。そのコーナー自体が小さな専門図書館になっているとも言えます。

特別コーナーは大きく分けて、常設のものと期間限定のものがあります。常設のものは、料理の本や旅行ガイドといった利用が多く人気のある資料の専用コーナーだったり、ビジネスや医療など地域に関係の深い特色ある資料の集まりだったりします。他方、臨時のものは「○○の日」や「○○週間」といった季節ものだったり、ノーベル賞受賞者の著作を集めた企画もののだったりします。

このコーナーを設置する際に図書館員が重要視しているのは、特定のテーマが市民の共通語となっているかどうかということです。資料が集められたテーマの意味が伝わらないと、特別コーナーの存在は誰にも気づかれないままで、市民への情報提供という目的も果たせないからです。

吹田市では1970年に日本万国博覧会（大阪万博）が開催され、その跡地は現在、万博記念公園として活用されており、市民の憩いの場となっています。同公園には、サッカーJリーグのガンバ大阪が本拠地とするサッカースタジアム（Panasonic Stadium Suita）もあります。市内の北部には千里ニュータウンが広がっていますし、南部にはアサヒビールの吹田工場があります。これらの例示した施設名などは吹田市での共通語と考えられますが、吹田市以外にお住まいの方は初めて耳にされたものもあると思います。このように、図書館員は他の地域では意識されないものであっても、その地域に関係の深い事柄であれば地域の共通語として捉えます。そのため、図書館員は日々アンテナを張って情報を収集しているわけです。

共通語という観点からすると、カレーライスは日本全国における共通語と言えます。例えば、カレーライスと縁がなさそうな歌の世界でも、「カレーライス」をタイトルに付けた歌が作られています[8]。盛り付けられたカレーライスのルーとライスのうち、どちらを右側にどちらを左側に置くのか。スプーンを入れるのは右側からか、それとも左側からなのか。その食べ方だけでも大きな議論が生まれます。一つの話題で日本をまるっとつなげてしまう、そんな強い引力を持つカレーライスを介したコミュニティづくりが実践されています。

2016年に、『カレーライスを一から作る』（前田亜紀監督　ネツゲン製作・配給）というドキュメンタリー映画が製作されています。これは武蔵野美術大学の関野吉晴ゼミによる「カレーライスを一から作ってみる」という試みの全記録です。ここでいう「一から作る」とは、米や野菜やスパイスなどは種や苗から、鶏はヒナから育てるということを表しています。もちろん、カレー皿は土から、スプーンは木から作り出されます。この映画製作をきっかけに、『カレーライスを一から作る　関野吉晴ゼミ』（前田亜紀　ポプラ社　2017年）や『イチからつくるカレーライス　イチは、いのちのはじまり』（関野吉晴編　中川洋典絵　農山漁村文化協会　2017年）が出版されています。身近なカレーライスを例にとっても、たくさんの命によって私たちの食文化が支えられていることがわかります。

全国各地を回る「カレーキャラバン」という活動も行われています。旅先で集めた食材を使って、地域の人たちと交流しながらその場限りのご当地カレーを作って、みんなで食べるという活動で、『つながるカレー　コミュニケーションを「味わう」場所をつくる』（加藤文俊・木村健世・木村亜維子　フィルムアート社　２０１４年）にその様子が描かれています。活動のほんの一部とはいえ、この本にはさまざまなカレーライスが登場し、それぞれの地域の特色や住んでいる人たちの気質を感じ取ることができます。

「辛い」は「からい」とも「つらい」とも読みます。人生は良いときばかりではなく、悪いときも多々あり、そのとき味わったつらい思いも後で振り返れば、人生の良いスパイスになっているはず。世間の人々はそんなことに薄々気づいていて、カレーライスの辛さに自分の人生を重ね、そのうまみをじっくり味わっているのでしょう。食べ終えてスプーンを置いたとき、「辛」の漢字が「幸」に変わり、とっても幸せな気持ちになっている――そんなふうに思うのですが、やはりこれも私の妄想の一つでしょうかねえ。

注

1　ロケットニュース24「【穴場グルメ】国会図書館の「図書館カレー」が激ウマ&高コスパ！　夏目漱石が生き返って週8で通うレベル!!」２０１７年3月４日（https://rocketnews24.com/2017/03/04/869548/）、「【役所メシ】国立国会図書館の食堂で安易に「メガカツカレー」を頼んではいけないたった1つの理由」２０１７年7月22日（https://rocketnews24.com/2017/07/22/931820/）ほか、国立国会図書館の食堂で提供されるカレーライスの記事が掲載されています。

2 「現代高校生の食生活」の「家の夕ごはんで好きな料理・おかず」において、カレーライスが２００5年1位、２０１2年1位、２０１7年3位です。「ミドル・シニアの食生活」の「好きな夕食メニュー」の項目では、男性50代で1位、60代で2位、女性50代で1位、60代・70代で4位となっています。また、同統計内の「辛い料理」の「好きな辛い料理」の項目で麻婆豆腐と同率1位、「最近5年ほどで昔よりも好きになっている（食べる頻度が増えている）と感じる辛い料理」の項目でも1位という結果です。

3 神田カレーグランプリのホームページ（http://kanda-curry.com）より。

4 横濱カレーミュージアムの責任者で、カレー大學を主宰する井上岳久氏がカレー総合研究所の所長を務めています。研究所のホームページ内で「レトルトカレー博物館」（http://www.currysoken.jp/info/museum）として、ご当地レトルトカレーが掲載されています。

5 関西や首都圏でスーパーマーケットを展開する北野エースが「カレーなる本棚®」と名付け、全国各地のレトルトカレーを集めたカレー売り場を設置されています（https://www.acegroup.co.jp/products/category/7.html）。

6 ＮＩＫＫＥＩ ＳＴＹＬＥ グルメクラブ ２０１８年4月25日「「家カレー」の変 ついにレトルトがルーを抜き主流に」（https://style.nikkei.com/article/DGXMZO29538750Y8A410C1000000）より。

7　大阪市立図書館のホームページ「オープンデータの活用事例」「レトルトカレーのパッケージにオープンデータを活用」(https://www.oml.city.osaka.lg.jp/index.php?key=jo4dffcpj-9509)、大阪港開港150年のホームページ「新着情報」「大阪港カレーの販売について」(http://osakaport150.info/2017/07/27/大阪港カレーの販売について/)より。

8　タイトルに「カレーライス」が付いた歌を挙げると、プロモーションビデオも話題となったソニンの『カレーライスの女』(つんく作詞・作曲　2002年)や、ファンの間でも人気の高いKANの『カレーライス』(KAN作詞・作曲　2006年)があります。マンガ『20世紀少年』の主人公ケンヂのモデルと言われる、エンケンこと、遠藤賢司が歌った『カレーライス』(遠藤賢司作詞・作曲1971年)は、三島由紀夫の割腹自殺を取り上げていることで話題となり、当時のフォーク界を席巻しました。

かんさい、おっちゃん、ばんざい

関西とコミュニティ

関西人の気安さは、公共図書館で仕事をしていても日々感じます。利用者と窓口に立つ図書館員との距離は非常に近く、

「今、何時なん？」

と現在の時刻を尋ねてこられたり、ネギを手に
「これ、88円。そこの角曲がったスーパー、安かったで」

とお買い得情報をいただいたり、常連さんから
「またちょくちょく来るわ」

と声をかけていただいたりしています。

特に印象に残っているのは、初異動の勤務初日のこと。その日は日曜日でしたが、朝の開館直後、おっちゃんが通りすがりにさらりと尋ねてこられました。

「今日、選挙ないわな？（今日は、選挙の投票はないですよね？）」

異動先の図書館の地域では立候補者と定員が同数だったため、その日予定されていた選挙は無投票となりましたが、そのあまりの気軽さに、相談の窓口に立っていた私への問いかけであることさえ、一瞬疑ったほどでした。ガチガチに緊張している中、頭をぐるぐるとフル回転させていたせいで、

「あ、はい。ないと思いますけど」

と答えるのが、当時の私には精一杯でした。今度、同じことを尋ねられたら、

「代わりに、図書館員総選挙があったら、私に1票入れてもらえますか?」

と返そうと思っているのですが、惜しくもまだその機会は得られていません。

『心理学辞典』(中島義明ほか編集　有斐閣　1999年)では、「コミュニケーションとは情報のやりとりである」と定義されています。関西地方に関わる人たちを「関西人」と呼ぶとして、一般的に関西人はコミュニケーションが上手だと言われています。もちろん個人差はありますし、関西地方を一括りにすることは危ういことではありますが、そうは言っても、関西人の気質として会話のやりとりを楽しむ姿勢が常にあることはうなずけます。

関西人のコミュニケーション力が遺憾なく発揮されるのは、見知らぬ人とやりとりする場面です。この本をお読みのあなたがもし関西で道に迷うことがあれば、遠慮せずに周囲の人に声

をかけて道を尋ねてみてください。そうすれば、

「あそこを右にキュッと曲がったら、すぐそこやで」

と、気安く教えてもらえます。

「ほんなら、一緒に行きましょか?」

と、目的地まで連れて行ってくれることも大いにあります。たとえシャイで声をかけられずにいたとしても、あなたが道に迷って困っているという雰囲気を察し、

「どうしたん?」「迷ったん?」

と声をかけてくれる救世主が目の前に現れるはずです。[1]

頻度は人によりますが、信用のある情報が楽に得られるので、関西人は何か困った場面に出くわすと、誰か近くにいる人に尋ねます。尋ねられた人は特に疑念も抱かず答えを返します。尋ねた側も尋ねられた側も自然体でやりとりをするため、関西人はコミュニケーションが上手だと思われているのでしょう。

「なぜ、人に気軽に声がかけられるのか?」

と問われれば、関西人は、

「そこにいてるからやん(そこに人がいるからじゃないですか)」

と答えるに違いありません。そういうコミュニケーションの中で、関西にはさまざまな情報が大量に集まってきています。しかしながら、集まっている情報があなたにとって有益なものかどうかについては保証できませんので、あしからず。

話の長い関西弁

関西人のイメージは関西弁[2]から生じています。『ヴァーチャル日本語　役割語の謎』（金水敏　岩波書店　2003年）では、

①冗談好き、笑わせ好き、おしゃべり好き
②けち、守銭奴、拝金主義者
③食通、食いしん坊
④派手好き
⑤好色、下品
⑥ど根性（逆境に強く、エネルギッシュにそれを乗り越えていく）
⑦やくざ、暴力団、恐い

の7つが「大阪人・関西人のステレオタイプ」として挙げられています。驚かされるのは、こ

れらのイメージがすでに江戸時代後期には完成されていたということで、十返舎一九の『東海道中膝栗毛』では上方者が油断ができない厚かましい人として描かれ、式亭三馬の『浮世風呂』や『浮世床』にも、先述の①から④までのイメージにあてはまる上方者が登場しています。

また、『大阪的「おもろいおばはん」は、こうしてつくられた』（井上章一　幻冬舎　2018年）でも、関西のイメージは本質ではなく、作られたものだと示されています。ただ、これらのイメージは程度に差があるにしろ、関西人の一面を捉えたものであることは否定できませんし、ステレオタイプで周囲から見られていることは当の関西人も感覚でわかっています。そのため、関西人が自ら進んでそれらのイメージを話のネタにすることも大いにあります。

そして、このような関西人のイメージを利用するのは、何も関西人だけではありません。関西人ではないのに「なんでやねん」と関西弁でツッコんで笑いを誘おうとすることもあります。この行動は先述の①の関西人のイメージを借りてきているわけですが、あえて方言を使うことで別のキャラを演じることから「方言コスプレ」とも呼ばれていて、『「方言コスプレ」の時代　ニセ関西弁から龍馬語まで』（田中ゆかり　岩波書店　2011年）では「ヴァーチャル方言を用いた臨時的なキャラの着脱行動」と定義されています。

関西人は話が長いとも言われます。まったくの無意識ですが、関西人はやりとりを楽しむため、会話を続けることにすべての意識を集中しています。話を相手が聞いてくれるから続けて話したくなり、自然と会話が長くなりがちです。[3]『関西弁事典』（真田信治監修　ひつじ書房　2018年）の中で、東京方言は話し手が自己の主張をあらわにして、聞き手を納得させる方向に展開していく「主観直情型」である一方、関西方言はひたすら状況を詳しく説明し、聞かせる展開である「客観説明累加型」であると、話が長くなる理由が示されています。つまり、関西弁自体に話が次々とつながっていく仕組みがあるということです。

同著には「もってまわった言い方をする」「言いたいことがはっきりわからない」「予想していないような受け答えが返ってくる」「話の流れについていけない」「冗談ばかりで真剣に聞いていない感じがする」という声も載せられています。どれも耳の痛いご意見で、声を寄せた方々がいったいどんな目にあったのか気の毒で仕方がないのですが、関西人の話が長いことについては、どうやら周囲の人たちにあきらめてもらうしかないようです。

話が長かったり、笑いの方に話題が流れていったり、言葉づかいや口調がきつかったりして、関西弁は学術的なものとはそぐわない感じを受けられるかもしれません。しかしながら、『K氏の大阪弁ブンガク論』（江弘毅　ミシマ社　2018年）では、標準語の枠外で展開する大阪弁・関西弁の文学のおもしろさが解説されています。また、学問の府の世界では、言語学者の山下好孝氏が関西弁を一つの言語として捉え、北海道大学において関西弁で講義をされていることで知られています。[4]

関西弁に「難癖」「無理な言いがかり」という意味の「いちゃもん」という言葉があります。教育学者で保護者対応研究の第一人者である小野田正利氏は、この言葉から着想し、保護者や地域から学校に対する「無理難題要求」を「イチャモン」と名付けて、その行動や行為を研究されています。親が「モンスター」なのではなく、その親がとる行動に問題があるという小野田氏の考えと、関西弁の「いちゃもん」のイメージがぴったりと合致しています。

かいらしいおっちゃん（かわいらしいおじさん）

関西人と言えば、『大阪のおばちゃん学』（前垣和義　ＰＨＰ研究所　２０１０年）を始め、関西のおばちゃんがよく取りざたされますが、関西のおっちゃんも特徴的でとってもおもろい存在です。

関西のニュースはプロ野球の阪神タイガースの活躍に支えられているところが多くあります。２０１８年の成績はリーグ最下位で、テレビでも新聞でも阪神タイガースの良い話題が少なく、落胆しているおっちゃんたちが関西各地に点在していました。そういうおっちゃんを目にすると、次に挙げた詩が思い浮かびます。

「あかんたれなはんしんはなれたんかあ」

「かつまでまつか」

これは、大阪弁でやわらかな雰囲気の詩を書かれる島田陽子氏[5]の「阪神タイガース（回文）」です。漢字を当ててみると、

「あかんたれな、阪神は慣れたんかあ」

「勝つまで待つか」

となります。あきらめの気持ちを吐露しつつも決してあきらめないおっちゃん二人が、阪神タイガースの新たな活躍への期待を酒の肴にして熱く語っている、という妄想が私の頭について離れません。

『パリのすてきなおじさん』（金井真紀文と絵、広岡裕児案内　柏書房　２０１７年）では、乙女心をくすぐるパリのおじさんたちが登場してそれぞれの人生を語ってくれますが、関西のかいらしいおっちゃんたちも負けずにその素敵さを垣間見せてくれます。

図書館員の先輩から、大学受験のときに関西出身と思われる三人のおっちゃんに助けられたという話を聞いたことがあります。一人目は、東京に出張中と思しきおっちゃん。慣れない東

京の街で先輩が道がわからず困っていたら、

「どないしたんや？」

と関西弁で声をかけてくれ、

「そこやで」

と目的地まで案内してくれたとのことです。二人目は、大阪で出会ったおっちゃん。受験前日に宿泊先のホテルを探しながら大阪の街を歩いていると、

「いけるか？（大丈夫か？）」

と声をかけてくれ、先輩が道に迷っていることを伝えると、

「ほな、案内したげるわ。ちょっと離れてついて来ぃや」

と道案内してくれたとのこと。一緒に並んで歩くと女子高生の先輩が嫌がるだろうと、おっちゃんは終始気をつかってくれていたそうです。三人目は、これまた大阪で出会ったおっちゃん。宿泊先のホテルのロビーで制服姿の先輩がエレベータの到着を待っていたところ、

「明日、受験か？　頑張りや！」

と励ましの言葉を送ってくれたそうです。

困っている人を見るとそっと助けてあげる、頼られると俄然優しくなる、人情深い関西の

おっちゃんたちも、公共図書館に足を運んでいらっしゃいます。図書館の書庫に保存されている歴史書を毎日出納して調べ物をしているおっちゃん。CDに収録されている曲をトランペットで演奏したいと、その楽譜を必死に探しているおっちゃん。継続して読んでいるシリーズの順番がわからなくて、メモを握りしめながら歴史小説の棚をじっと見つめるおっちゃん。館内には、おばちゃんだけでなく、おっちゃんもたくさんいて、相談の窓口に気安く声をかけています。読みたい気持ちが先立って新聞の取り合いでケンカになったり、相談の窓口に座り込んで身の上話を納得のいくまで話されたり。『おじさん図鑑』(なかむらるみ絵・文　小学館　2011年)には、著者が観察された多種多様なおじさんの姿が描かれていますが、これに続いて「図書館のおっちゃん図鑑」も作れそうだと、いつもこっそり思っています。

『世界一孤独な日本のオジサン』(岡本純子　KADOKAWA　2018年)において、おっちゃんたちはコミュニケーションが苦手で、社会とのつながりが希薄であることが指摘されています。コミュニケーション上手と言われる関西でもこの傾向は同じで、おっちゃんたちはあまり群れません。先に挙げた『おじさん図鑑』にも、「おばさんは3~5人が多いけれど、おじさんは2人が心地いいみたいだ」というコメントとともに「2人組のおじさん」が描かれています。おっちゃん率の高い立ち飲み屋をのぞいてみても、一人で静かに飲んでいるおっちゃんと、二人で仲良く盛り上がっているおっちゃんたちの二つの型で、ほぼお店が埋まっています。

おばちゃんとおっちゃんの違いについて、生涯学習事業に携わっているある先輩が、次のように話していました。

「おばちゃんは何でも一緒にやろうとするから、公民館に集まるねん。でもな、おっちゃんは集まるんが嫌いやから、公民館には来はらへんのや。せやから、おっちゃんたちは図書館に集まるねん」

図書館という場の居心地の良さは、強制されたものではない、それぞれの目的で気軽に足を運べる存在ということだと思います。子どもと一緒に絵本を読んでも、ソファに座って雑誌を見ても、窓の外をぼんやり眺めていても、トイレに立ち寄るだけでも、特に何も言われない。この自由に過ごせる雰囲気がおっちゃんたちを引き寄せているのでしょう。基本的に群れないおっちゃんたちがすでに図書館で集まっているのですから、そのおっちゃんたちをつなぐコミュニティづくりを仕掛けられたら、おもろいなあと考えています。社会的な孤立からおっちゃんを救うのは、もしかしたら図書館なのかもしれません。

では、もし関西のおっちゃんたちが集まったら、どのような雰囲気になるのでしょうか。

『大阪のおっちゃん　かわいくて愛すべき生き物。』（千秋育子　辰巳出版　２０１５年）から一例を挙げてみましょう。先にカレーライスの話を取り上げましたが、関西のおっちゃんたちも例外ではなくカレー好きのようです。あるおっちゃんが関東の名門ゴルフクラブでお昼にカレーライスを注文しました。そこで出されたのはスプーンではなくフォーク。みんな使っていると店員に言われ、仕方なくフォークで食べたおっちゃんに対し、周りのおっちゃん数人が次々とツッコミます。

「ほんで食べたんかいな！　うそやろー、アホやな」

「『なんで食おうがワシの勝手や！』言うて、なんでスプーンもらわへんかったんや！」

「名門はしゃーない、そんなもんや」

「ワシやったら箸で食うたるわ」

「支配人呼び出して見本を見せてもらってからしか食べられへんわ！」

「コーヒーのスプーンでおちょぼ口で食うたらよかってん！」

それぞれ言いたい放題で収拾がつきそうにありませんが、これらは一応、おっちゃんたちの温かい励ましのようです。

関西のおっちゃんって、かいらしいやろ？　え？　逆にイメージ悪うなったって？

そら、すんまへんな。

注

1 『関西人のルール』（千秋育子　中経出版　2012年）でも、「（関西では）聞いたほうが早いし、世話好きな人が多いので、予想外の感動に出会えるかもしれない」とあり、著者の意見に私も強く賛同します。

2 ここでは「関西弁」と表現しますが、後述の『関西弁事典』にもあるとおり、大阪弁や京都弁、和歌山弁など関西でつかわれる言葉には違いがあります。また、同じ大阪弁の中でも地域差が見られ、泉州弁、河内弁などに細分化されています。

3 『「はい」と言わない大阪人』（わかぎゑふ　ベストセラーズ　2011年）では、「このお菓子食べる？」と聞くと、東京の人は「はい、ありがとうございます」と返事をして後が続かないが、関西人は「めっちゃ好きやねん」「食べる、食べる。何これ？」と返事が返ってきて会話が自然に続くという例が挙げられています。

4 『関西弁講義』（山下好孝　講談社　2004年）の中に、関西弁はお笑いの世界で使われる言葉と思っていた学生が、大学で関西弁の講義が行われることに驚いたと、山下氏に語ったというエピソードがあります。

5 島田陽子氏は、1970年に大阪で開催された日本万国博覧会のテーマ曲『世界の国からこんにちは』（中村八大作曲　1967年）の作詞家でもあります。

参考文献

豊島美雪とこそっと関西オノマトペ研究会『キュッと曲がって90度！　関西オノマトペ用例集』組立通信　2010年
堀井令以知編『大阪ことば辞典』東京堂出版　1995年
小野田正利『悲鳴をあげる学校　親の〝イチャモン〟から〝結び合い〟へ』旬報社　2006年
島田陽子著　阪口真智子絵『続　大阪ことばあそびうた』編集工房ノア　1990年

髙橋 将人 たかはし・まさと

南相馬市立中央図書館（福島県）勤務。

『ちょっとマニアックな図書館コレクション談義』（大学教育出版 ２０１５年）で初執筆。故郷や勤務地でたくさんの反響をいただき、改めて出版の力を実感する。雪国で育ったこともあり、寒い所や大きな水たまり（ダムや湖、沼など）で考えごとをするのが好き。

１９８４（昭和59）年山形県生まれ。筑波大学図書館情報専門学群卒業。好きな食べ物は、ラーメン全般。

移動図書館。「司書」と、「ドライバー」、そして、「移動図書館バス」が、雨の日も風の日も、図書館の本を積んで町をまわる。そんな3人（？）と、町の住人が、本を囲んで繰り広げるドタバタ劇。

今日は、はてさて。

経験と経験がつながるとき

また厨房に朝が来た。新レシピ開発は暗礁に乗り上げている。

俺はラーメン屋。親父から暖簾を引き継いで5年になる。生活できるくらいには繁盛しているが、このところ、深刻に悩んでいる。己のラーメンに満足できているのか。受け継いだ味に甘えて、己が創り上げたものなどないのではないか。自問自答すればするほどに、親父の暖簾が遠く感じられるようになった。

ラーメンの勉強はしてきたつもりだ。都会の名店で寝る間も惜しんで修行したし、親父の店に戻ったあとも、ありとあらゆる味を模索した。店で出しているラーメンは親父直伝の渾身の一種類だけだが、作るだけなら、醤油、味噌、塩、豚骨と「普通に美味しいラーメン」を仕上げる自信はある。ただそれは、すでに舌の記憶にあるものでしかなく、そんな二番煎じを店で出すのはプライドが許さなかった。

突き抜けるのに必要なのは、妥協じゃない。自己満足だ。それも究極の。自分自身こそが感動できる味。どこの名店にも負けないという自信。客に媚びる必要のない無敵感。

だが、試行錯誤を始めて1か月、未だに光は見えていない。自分らしい、それでいて誰も味わったことのない新しい味が欲しい。新しい味、新しい味……。

♪読んでらっしゃい　移動図書館
楽しい本に　井戸端会議　今宵はぐっすり眠れましょう
バスと　司書と　運転手　あなたの笑顔を待ってます♪

外からなにやら音楽が聞こえてきた。移動図書館……なんだそれ？　徹夜明けで働かない頭のまま、重い足をひきずって音のするほうへ向かった。

「おう、こんにちは。寄ってらっしゃい見てらっしゃいの移動図書館だよ。野菜も魚もないけど本ならあるよ！　お兄さんのぞいてって！　ガハハ！」

なんか元気なおじさんだな。移動図書館のドライバーらしい。バスの中では、自分と同じ年頃の男が本棚を整理している。職員だろうか、穏やかそうな男だ。男の脇に立ち、ちょうど料理の本があったので手に取ってみるが、いわゆる家庭料理のレシピ本で、料理で生計を立てている自分が何かを感じる本ではなかった。ざっと本棚を眺めてみても、これといって目が覚めるようなものもなかった。

「あのさ、ちょっと聞きたいんだけど、新しい味ってどんな味だと思う？　あ、いやいや俺は怪しいもんじゃなくて、そこの角を曲がったとこにあるラーメン屋なんだけど、お兄さんラーメン好きか？」

淀んでいるものが少しでも流れてほしいという期待を少しだけ込めて、男に声をかけてみた。男は本棚に伸ばした手を止めてくるっと振り返り、はっきりした声で「ラーメン、好きです」と答えてきた。……なんだこいつ、目力が急に強すぎる。大人しそうな顔して本をいじっていた優男はどこへいった。

次いで男は、図書館の職員で「司書」だということ、今日の移動図書館ではラーメンの専門書は持ってきていないこと、町の中央図書館には多種多様な本があり、新しい味のヒントになる本もあるかもしれないということを伝えてきた。あと、自分の好きなラーメン屋も。こいつの好きなラーメン屋はどうでもよかったけど、新しい味のヒントになる本が図書館にあるかもって話には興味を引かれた。

丸椅子に座った司書は「話せる範囲でいいので」といろいろなことを聞いてきた。それに応えて、俺もいろいろと話した。話しているうちに眠気も覚めて、なんだか熱くなってしまい、しまいには大声で「自分の味とは！」なんて演説をぶってしまった。司書はうなずきながらメモをとっていたが、時折、「今まで感動した味は、どんな料理だったか」とか「理想の味をドーンとかシュッとか効果音で言えるか」だとか、果ては「目標にしてる人は」なんて就職面接みたいなことまで聞いてきた。俺は、語ることは語って、聞かれたことには答えた。これでヒントになる本が出てくるなら儲けものだってくらいの気持ちで。

司書は表情を変えずに、「今度本を持ってくるから、次の移動図書館にぜひ来てほしい」と言ってきた。なんの本を持ってくるのか、少しだけ楽しみだ。

◆

二週間後、例の音楽が聞こえてきた途端に、俺は外へ飛び出した。さあ、どんな本を持ってきたのか。司書は軽く挨拶をし、数冊の本を差し出してきた。古い本が多かった。この前話しているときに、香りと食感を工夫したいってことを伝えていたので、「ジビエ料理」「燻製」あたりは見当がついていたが、そのほかの本は予想外のバリエーションだ。結構厚めの本もある。生まれて初めて図書館の本を借りた。

◆

♪読んでらっしゃい　移動図書館……

また次の移動図書館の日、俺は集会所に先乗りし、バスを迎えた。司書が笑いながら「早いですね。本、どうでした？」と声をかけてくるや否や、思わず肩をつかんでしまった。

「見つかったよ！　勧めてもらった本からビビッときて、いろいろ作ってみたんだ。できたんだよ、俺の味が！」

まわりの視線など気にならない。ただ、この喜びと感謝を伝えたい。

「一番良かったのはこの『プリザービング　保存食と常備食』って本だ。発酵と保存食ってところから味のイメージを膨らませたんだ。梅干しと大根おろしが乗ったラーメンの話あたりから勧めてくれたのかな。発酵の本……『発酵食品学』も勉強になった。今まで自家製の発酵食品って、衛生上どうなのかなって思っていたんだけど、歴史を勉強したら、人間が昔から食べてきたものなんだから、ある意味、自然だなって思うようになったんだ。」

これだ！と思える味が生まれたあの瞬間の昂揚感を、そのまま司書にぶつける。

「『江戸料理百選』からもずいぶん作った。和食はやっぱり深いな！　そうそう、バターの扱い方の話をしたじゃないか。あのモヤモヤが、海老沢泰久さんの『美味礼讃』を読んで吹っ飛んだんだ！　その『美味礼讃』の主人公の辻静雄さんが書いた「食卓のエスプリ」シリーズもよかった。極めつけは、この『ポテト・ブック』！　アメリカのポテト畑が目に浮かんできたよ。いや、ありがとう！　俺は狭い世界でラーメンを考えてた！」

唾を飛ばしてまくし立てながら、つかみっぱなしの肩を揺すった。司書は目を回しながら、

「よかったですね、よかったですね」と連呼していた。

「新作の味がもう少しまとまったら店に招待するから、ぜひ食べにきてくれよ。しかし司書ってのはすごいね。あんな訳のわかんないインタビューからこんなすごい本を持ってきてくれるなんて。」

司書は頬をぽりぽり掻きながら、「私はなにもしていません。新しい味に必要だったことを、本の中からラーメン屋さんが見つけただけ。本の中の経験とラーメン屋さんの経験が、うまくつながったのでしょう」と、変に真面目ぶって言った。あと、「優秀だったのは役立つ本を集めていた町の図書館だろう」とも。

「あんまり謙遜するのも嫌味だぜ」と茶化したら、司書は「じゃあ、一つだけ」と前置きをし、「私が古い本を嫌いでなかったのは良かったかもしれないですね」とよくわからないことをはにかみながら言っていた。図書館にある本なんだから古い本も新しい本も同じように扱うのが当たり前なんじゃないの、と思ったが、まあいいか。

後ろで見ていたドライバーのおじさんが、ガハハと笑った。

「司書の兄ちゃんさ、山ほど本積み上げて、ラーメンラーメン言ってたもんな。オレもずいぶん一緒にやってるけど、あんな顔の兄ちゃん見るの初めてだったぜ。」

司書はくるっと振り返り、真顔ではっきり言った。

「私、ラーメン、好きですから。」

……その目力、絶対わざとやってんだろ。

文献

オーディド・シュウォーツ著　手塚勲訳『プリザービング　保存食と常備食』山と渓谷社　1998年
小泉武夫編著『発酵食品学』講談社　2012年
福田浩・島崎とみ子『江戸料理百選』2001年社　1983年
海老沢泰久『美味礼讃』文藝春秋　1992年
辻静雄編著『フランス料理の本　食卓のエスプリ1（オードヴル・スープ）』講談社　1981年
マーナ・デイヴィス著　伊丹十三訳『ポテト・ブック』河出書房新社　2014年

あの頃の音楽を聴きながら

寒くなってきた。あまり雪は降らない町だが、山から吹き下ろしてくる風は乾いていて、いっそう肌に刺さる。次の巡回場所の小学校に向かって移動図書館車を走らせる。

今の子どもたちは、オレたちの頃とは比べ物にならないくらいませている。巡回のたびに司書の兄ちゃんは、「付き合ってる人いるの?」だの「キスしたことある?」だのとガキどもに絡まれている。困った顔をして頬をかいているのを見ると、あの理屈っぽい兄ちゃんも人の子なんだなと、なんだか嬉しくなってくる。

「ドライバーさん、なに笑ってるんですか?」

おっとっと、なんでもねえよ。

今回の巡回場所は、幼稚園と小学校、公民館が併設されている、町でも珍しい所だ。移動図書館が来ると、園児やら小学生やら地域のオヤジやらと、広い年代が集まってくる。昔は祭りやなんかがあると、ジャリンコからジジイババアまで世代を超えて、なんだかんだと話してたのを思い出す。若い奴らを冷かしたりしてな。いい時代だったよ。

さあ、時間だ。出っ張った腹をジャンパーに押し込んで、今日も移動図書館、開館ってか！　ガハハ！

♪読んでらっしゃい　移動図書館
楽しい本に　井戸端会議　今宵はぐっすり眠れましょう
バスと　司書と　運転手　あなたの笑顔を待ってます♪

「借りる本が決まった人は受付に来てね！　はい、危ないからバスの中では飛び跳ねないよ！」

「ねえねえ、カエルの本はどこ？」

「僕は幽霊の本！」

司書の兄ちゃんはてんてこ舞いだ。オレは、本のことはわからないから、受付に群がってる小学生を一列に並べてでもおこうかね。

「ほっほ。大盛況ですな。元気の有り余っている子どもたちの相手も大変でしょう。」

「お、これはこれは校長先生。ここは活気があっていいね。もう年末も近くなってきたけど、先生方も大変な時期なんじゃないかい？　師走っていうくらいだしさ。」

黒いコートを羽織った大柄なオヤジはこの学校の校長先生だ。移動図書館が来ると、たまに様子を見に、学校から出てくる。

「義務教育上の役割でしかない教師が、自分のことを「師」だなどとはとてもとても……。まあ確かにこの時期、先生方は走り回ってくれておりますがね。」

踏まれた落ち葉が、カサカサ鳴る。

「さてさて、ちょっと前に、ボブ・ディランがノーベル文学賞を受賞しましたな。歌詞が文学的に評価されたということなのでしょうか。ボブ・ディランの音楽は聴いたことがなかったものですから、一度聴いてみたいと思いまして。」

そのニュースだったらオレも知ってる。テレビで見て、「ふーん」って思った程度だったけど。まあ文学賞っていうくらいだから、図書館にあってもおかしくはねえよな。

騒いでいた子どもたちが一人また一人と帰っていって、司書の兄ちゃんも一段落ついたようだ。タイミングを見計らって声をかけた。

「ボブ・ディランですか？　ありますよ。今回のノーベル文学賞と絡めた有名どころのＣＤだと、「フリーホイーリン・ボブ・ディラン」あたりでしょうか。授賞式でパティ・スミスが歌った「はげしい雨が降る」とか、忌野清志郎さん（ＲＣサクセション）や福山雅治さんなんかがカバーしてる「風に吹かれて」とかが収録されてますよ。」

司書の兄ちゃんは、ハンカチで汗をぬぐいつつ、予約票をおこして次回持参する旨を校長先生に伝えた。

「彼の曲で「フォーエヴァー・ヤング」っていうのがあるんですが、その歌詞にポール・ロジャースって人が絵をつけて絵本になっているんですよ。巻末でボブ・ディランのCDを解説しているので、何から聴こうか悩んだときは参考になると思いますよ。」

「ほっほ。そうなのですか。その絵本もぜひ読んでみたいですな。CDと一緒に持ってきていただきましょう。」

「町の図書館には、英語版とアーサー・ビナードさんが訳した日本語版、どちらも置いてあります。歌詞が英語なので英語版をお薦めしますが、日本語版も雰囲気があっていいですよ。解説が読みやすいですし。2冊並べてページをめくるのもまた楽しいと思います。」

校長先生は、目を細めて頷きながら、腕組みをした。こりゃ本格的に話し始めそうだ。

「司書さんは、歌詞の世界と文学の共通点については、どう思われますかな？」

ふっ。ほらな。

「んー、歌詞と文学の関係っていうといろんな立場があると思いますけど、私は、どちらも言葉の力を表現に使っているという面で、似ているんじゃないかと思います。絵と言葉が合わされば「絵本」、音と言葉だったら「音楽」だとするじゃないですか。絵本はジャンルとして児童文学になってますよね。それなら、歌詞でなにかを表現しようとしている音楽をナニナニ文学って考えることも、大きな枠で言えばできると思うんですよ。もちろん音だけの音楽だって、それはそれで素晴らしい文化だと思いますし、まあ、ボブ・ディラン本人は受賞記念講演の中で、「歌は文学とは違う」みたいなコメントも出してます。あくまでも私個人としてはあるんじゃないかって話になりますけどね。」

モズが木の上でキィキィ鳴いている。あれも何かしゃべっているんだろうか。鳥声文学……とか、いや、さすがに無いか。（後で司書の兄ちゃんが「ジェフリー・チョーサーの『鳥たちの議会』みたいですね」なんて言っていた）。

「ともかく、音楽という文化を、その時代その時代の人がアクセスしやすい形で残していくことについては、ちゃんと考えなくてはいけないと思いますね。その場所が図書館か、そうでない場所かは議論の余地があるでしょうけど。」

「一般的に図書館ではどのようにしているのでしょうか。」

校長先生が続ける。

「限られた予算ですから、世の中のすべてを集められるかというと、現実的ではありません。選ばなくちゃいけない。町に住んでいる人がどんなものに興味があるのか、どんなものを残したいと思っているのかを考えて話し合って、本であれ音楽であれ、集めていくことが必要だと思います。」

「なるほど。そんなところから考えると、図書館にあるCDにクラシックや昔のフォークが多いのも頷けますな。要は、世間的に評価の定まった、資料性の高いものを集めている場合が多い、ということでしょうか。私は今ジャマイカンレゲエを覚えたいと思っているので、ぜひそのあたりの名盤も集めてほしいのですが、こんな個人の要望は図書館では迷惑ですかの？」

司書の兄ちゃんは穏やかな笑みをうかべながら「大歓迎です」と答えた。この兄ちゃんは人の興味ってもんが本当に好きなんだ。

この仕事を始めるまで、本なんて読んでこなかったオレだけど、「これが知りたい」「あれが面白いと思ってる」ってのを兄ちゃんに話すと、すぐ面白そうな本やインターネットのページを見せてくれるから、なんか昔より趣味が増えた気がするんだよ。……にしても、校長、ジャマイカンレゲエってイカしてんな。

「ほっほ。音楽にしても本にしても、自分の好きなものを他人と共有できるというのはこのうえない喜びになります。ただ、最近はどのジャンルでも細分化が激しい。大ヒットが生まれにくい環境になっておりますな。「みんなが知っているもの」が少なくなっていくことは、独占感を味わえる一方で、他人と共有する喜びを実感できる機会が減っているということでもある。だからインターネットで、限定的なコミュニティをつくる仕組みが流行ったり、逆に「みんなが知っていた時代」のものを懐古的に使ったりしがちな社会になっているのでしょうな。」

校長先生も、司書の兄ちゃんに負けず劣らず理屈っぽい。でもまあ、言ってることはわかる。テレビでも、最近の若いヤツらが、80年代アイドルの曲を歌ってるのをたまに見るもんな。でも、だからって図書館で昔の音楽ばっかり集めてるわけにもいかないだろう。

司書の兄ちゃんに目をやれば、兄ちゃんはこっちの視線に気づいて、丸椅子に腰を下ろしながら言うんだ。

「東京子ども図書館の理事長をされていた松岡享子さんが、図書館員のことを「本はよいものであると信じる人々」と表現されてましたけど、町の中には「音楽はよいものであると信じる人々」も必ずいるはずです。図書館のコレクションに入れるかどうか判断するとき、知識はすべてじゃないけれど、無いのはとても怖い。丸投げするのは言語同断ですけど、そういう人たちとうまく連携をとりながらコレクションを組み立てていければ、もっと踏み込んだ選び方ができるのかもしれませんね。」

まあ具体的に……と司書の兄ちゃんが続ける。

「レゲエもロックもブルースもどのジャンルも、そのジャンルの色や味があるじゃないですか。代表的な名曲があれば、時代のターニングポイントになった一曲だってある。もちろん現代を切り開いている真っ最中の曲だってあるし、この曲が歴史を終わらせた……なんてのもあるかもしれない。「この曲は押さえておけ」っていうのがコレクションしてある図書館。音楽の色や味の違いが楽しめる図書館。なんか自分で言ってて羨ましくなってきました。」

餅は餅屋、ってのをどうやって図書館コレクションの集め方に組み込んでいくかってことだな。それにしても校長先生と話す兄ちゃんは、いつにもまして理屈っぽい。だけど、楽しそうだ。校長先生も笑顔でうなずいている。

なんか除け者にされてる気がして、バシバシと兄ちゃんの背中を叩いてやる。

「痛てて……なにすんですか。そういえばドライバーさん、ボブ・ディランと言えば「天国への扉」って曲知ってます?」

なんだ、また面倒くさい理屈か？　黙って首を振る。

「ディランがその曲にちなんで「ヘブンズ・ドア」ってウィスキーブランドを立ち上げたんで

すって。名曲を聴きながら所縁のお酒を……なんて考えたら、ちょっと乙じゃないですか？」
おっ、そうそう。そういう話のほうがオレにはあってるんだよ。凍える体を芯から温める、アルコール。芋焼酎のお湯割りならもっといいけどな！　ガハハ！

文献

ボブ・ディラン『FREEWHEELIN' BOB DYLAN』Sony Music Direct　MHCP-10001
Bob Dylan, Author, Paul Rogers, Illustrator, *FOREVER YOUNG*, Atheneum Books for Young Readers, 2008.
ボブ・ディラン作　ポール・ロジャース絵　アーサー・ビナード訳『はじまりの日』岩崎書店　２０１０年
G・チョーサー著　D・S・ブルーワ編　田中幸穂訳『鳥たちの議会』英宝社　２００４年
松岡享子『子どもと本』岩波書店　２０１５年　40頁
ボブ・ディランの記念講演のスピーチ（音声のみ）は、ノーベル財団のホームページで公開されました。

本の足跡

私は郵便屋。

本をこよなく愛している。子どもの頃から1日1冊の本を読み、仕事を始めてから30年以上経ったが、今でも毎日欠かさず読んでいる。松本清張の『砂の器』が生涯の一冊。古代から連綿と続く知識の螺旋に、心の底から敬意を払って日々を過ごしている。自身を顧みれば不変を良しとしているが、ここ最近の時代の流れには、まあ目を覆いたくなることばかりだ。歴史は繰り返すというが、人間はこうも学ばないものか。報道も教育も政治も、仮面をかぶって馬鹿騒ぎしているようにしか見えない。毎日仕事で取り扱う郵便は、ごみ箱行きの未来が透けるダイレクトメールが幅を利かせている。低きに流れる現実に、せめて自分自身は抗わねばと、洗練された知識の世界を求めて毎日本を手に取るが、年々、そんな本の世界にもどろりとした不快な水が流れ込んできているのを確かに感じる。今日は久しぶりの休みだが心弾むことなど無い。まったくもって嘆かわしいばかりだ。

♪読んでらっしゃい　移動図書館
楽しい本に　井戸端会議　今宵はぐっすり眠れましょう
バスと　司書と　運転手　あなたの笑顔を待ってます♪

気の抜けた音楽が聞こえてくる。町の図書館が移動図書館車を走らせているらしい。話には聞いたことがあるが、バスに本を積んで集会所や学校をまわっているんだとか。どれ、どこぞの頑固爺のように憂いてばかりいても気が重くなるばかりだ。ひとつ冷やかしにのぞいてみようか。

「こんにちは。移動図書館です。どうぞお手に取ってご覧になってください。」

集会所には数人の利用者と、2人の職員がいた。1人は運転手らしい高齢の男性、もう1人は図書館司書だろうか。まだ若い男性だ。声をかけてきたのはこの青年。司書であるならば、本の番人。かつて中世の修道院では誇り高き職であったと聞く。ただ、現代の日本では、この職も時代の波にのまれ、その担う役割を広げざるを得ないと本で読んだ。外国の傘巻き職人の話ではないが、世間の専門職への敬意の低下と、生き残りと矜持の狭間で揺れる現場というのは、見ていて気分のよいものでもない。

ビジネス本を手に取り、ぱらぱらとめくる。普段は読まないような本であるが、好奇心でページを開いてみた。よくもまあ、このような迎合目的の文章を恥ずかしげもなく世に出せるものだ。先程鎮めたはずの苛立ちがふつふつと蘇ってきた。

「君の歳はいくつかね。」

司書に尋ねると、落ち着いた声で、30代の年齢が返ってきた。

「君や私が生まれるはるか前から、本というものは存在していたんだ。人々は歴史を刻み、進歩を紡ぎ、感動と教養を積み上げながら現在に至っている。ところがどうだ、最近の出版物といえば、金儲けを狙ったものばかりではないか。」

……一度読まれれば役目を終えるインスタント出版、浅薄な喝采すらありがたがる2匹目のドジョウ本、人気のイラストレーターが描いた同じような表紙が並ぶ書店の平台。

「君は司書だろう。こんな状況を見てどう思うかね。人間の想像力の結晶といえるような本など、とうに見ない。人間の醜さばかりが浮かび上がってくるじゃないか。あろうことか、近々紙の本が消えてしまうとも聞いた。この商業的な時代に流されて、本が電子書籍なるものに変わっていけばどうなる？　すべてデジタル空間上で間に合うのなら、君の大事な図書館など不要になるんじゃないかね？　我々の税金でこんな本を購入して、この先どんな時代に役立つというのだ！　こうやって、文化はまさに今、滅びているんじゃないか！」

持っていた本を司書に投げつける。数人の怯えた視線と、静寂。司書は黙って話を聞いていたが、足元に落ちた本を丁寧に拾ってこちらを見上げた顔には、悲しさが浮かんでいるように見えた。

一瞬、同情を感じないではなかったが、すぐにプライドが感情を蹴っ飛ばす。

さらに一言二言と非難の言葉を浴びせた後、その場に背を向け、大股で去った。

◆

あの日から、数週間が経つ。今日はまた移動図書館が来る日だ。鬱々たる気分でこの日を迎えた。冷えた頭で考えれば、前回の一連の出来事は、一人の大人として大変恥ずかしいことこのうえない。あろうことか、本を投げつける程周りが見えなくなってしまうとは。その時こそ血気盛んに意気込みはしたものの、頭が冷えた後は後悔で眠れない日が続いた。あの青年が私や活字文化に何をしでかしたというのだ。移動図書館の取り組みも、町が読書文化普及のために地道に行っている、前向きな活動ではないか。いい大人が鉄砲を撃つ標的にしていいものでは、決してない。直接会って、謝罪しなければいけないだろうと考えていた。

聞こえてきた例の気の抜けた音楽に向かって歩くと、黄色い移動図書館車が目に入った。

今回集会所にいたのは、司書の青年と運転手だけだった。ゆっくりと雲が流れている。私は青年に向かって歩を進めた。

「こんにちは。ああ、このあいだの。」

こちらとしては、皮肉を言われている気になってしまう。そうでないのは声の調子でわかっていても、勘ぐってしまうのは年齢ゆえの被害妄想なのか。

「郵便屋だ。相変わらず呑気だな。」

頭を下げるつもりで来たのに、相手が年下だと思うと安っぽい自尊心を押さえきれない。こんな言い草は屁理屈ジジイだろうとわかっていながら、口が勝手に動いてしまう。司書は苦笑いをして、こちらに丸椅子をすすめ、自分も腰を下ろした。運転手はチラチラと司書を見ていたが、司書が目配せをすると向こうにいってしまった。

「あの後、郵便屋さんが仰ったことを踏まえて、私もいろいろと考えました。」

司書が穏やかに口を開く。

「今という時代を考えて、一番幸せだなと思うのは、誰もが本を読めるようになったということです。はるか昔のエジプトの王様は、アレクサンドリア図書館に世界中の知識を集めようとしました。ご存知のとおり、当時、本は大変貴重なもので、権力者や学者、文筆家などの、ごく一部の人のみがその恩恵にあずかることができたと言われています。」

古いインクの気配がする。頷く私を見ながら、司書は続けた。

「その後の時代では、「鎖につながれた本」なんていう時代もありました。ヨーロッパの修道院には写字室が設けられ、羊皮紙に修道士たちが書き写した写本がつくられた。書物は鍵のかかるところにしまわれたり、書見台や本棚に鎖でつながれたりしました。もちろん一般人は入ることもできない。本当に貴重なものだったのですね。本には古今東西の知識や経験が残されている。しかし、その貴重な知識・経験を得ることができるのは、ごく一部の人びとだけだったのです。その時代と比較したら、現代はまあ遠くまで来たものです。」

鎖から解き放たれた本。毎日文庫本を開くとき、本の中身に集中はすれども、自由を感じることなど今までなかった。気づけなかった。

「この日本でも不自由な時代はあった。そんな時代を経て、私たちは、今、どんな本でも読むことができる。知りたいと思うことが罪にならない時代に生きています。出版社は一般の人が手の届く価格で本をつくってくれている。現代の「当たり前」が「当たり前」じゃなかった時代が、そんなに遠くない昔に確かにあった。どんな我慢や闘いを乗り越えて勝ち取ったものでしょう。改めて、現代はとても自由で幸せな時代だと思います。そんな幸せな今だからこそ、先人方の努力や守ってきた想いは後世に伝えていかなければならないと思うんです。」

司書はこちらを見ながら、ゆっくり言葉を選ぶように話した。

「本の電子化についても……郵便屋さんが仰っていたような未来が怖くないかと言われると、私自身、正直抵抗もあったりします。ただ、本というものがなぜ生まれたかを考えれば、元々、誰かが何かを思って、それを伝えたいという「欲」、そういうところから始まっているのだと思います。歴史を繙けば、人の欲求こそ終わることが無い。物としての「本」がもし無くなったとしても、何かを表現したい、人に言いたい、残したいという人間の欲求はきっと終わらない。これは、司書としての私の希望でもあります。」

集会所を気持ちのいい風が吹き抜ける。

「もし、産業的な現代の「本」が絶滅して、出版の形が変わったとしても、残すべきものがあるなら、図書館はそれを集めて、編んで、残して、みんなで使っていくという未来にこそ、本の道があるのではないかと思いました。もしかしたら、そのうち図書館が出版するようになってたりして。」

そういって、司書は一冊の本を差し出した。

「先日、美しい本を読みました。差し出がましいようですが、もしよろしければ、郵便屋さんも読んでみていただけませんか。改めて考えるきっかけをいただいたお礼の気持ちです。」

それは、『わたしの名前は「本」』という題名だった。

「今、偉そうに言ったことも、結構この本の影響を受けてるんです。古来、図書館はこんな場所だったって言われてたんですって。もちろんこの本の受け売りですけどね」と司書は一文を諳んじた。

そういう場所は、シュメール人には「記憶の家」と呼ばれていたし、エジプト人には「魂をいやす場所」と呼ばれていたし、チベット人には「宝石の海」と呼ばれていた。

もちろん、図書館のことだ。

現代の図書館も、そんな場所になれたらいいと、司書は笑った。

話し始めたときの重く気まずい思いは消え、私の中には、久しぶりに本を愛する気持ちが湧き上がってきていた。そうか。表現欲求が人間から尽きなければ、本は消えない。もし形が変わっても、私が信じてきた知識の螺旋は終わらないのだ。

「美しい装丁の本だ。読ませてもらうよ。……それと、この間はすまなかった。」

司書が薦めてくれた本を手に取り、気恥ずかしさの中、詫びの言葉を口にした。司書は、気にする様子もなく笑っていた。

「自由に本を読める幸せか……。手の届く価格での出版にしろ、多種多様な本を揃える図書館にしろ、支えてくれている人たちがいるのだね。そうすると、君も司書として、次の時代にバトンを繋いでいく役割を担っているわけだ。税金を納める一市民として、また、本が好きな一読者として、この町の司書の職を応援したいと思う。読者のために引き続き頑張ってくれたまえ。」

どこか素直になれず、高飛車な物言いをしてしまう自分に、内心ため息がでる。まあ仕方がない。謝ろうと思って謝れたのだから、まだマシだろう。私の自己満足が達成されたということも、欲求の表現と考えれば意味はあったはずだ。人間らしくすることが出版界にも良い影響が出るというならば、なんだかもうなんだって貢献になってしまう気がするけれど。

「ところで君は司書として、今聞いたようなことを思っているわけだ。そういうことを、それこそ本で表現してみたいとは思わないのかい？」

年長者にご高説を披露してくれた若者から一本取り返してやろうと、調子の良い声で尋ねてみた。言葉をそのまま受け取ったらしい青年は、ポリポリと頬をかいて、特別なことじゃありませんよと前置きしながらも、「私も人間なので、そんな有難い機会を、もしいただけるのであれば」と答えてきた。よし来た、目一杯からかってやろう！

文献

ジェームズ・W・P・キャンベル著　ウィル・プライス写真　桂英史日本語版監修　野中邦子・高橋早苗訳『美しい知の遺産　世界の図書館』河出書房新社　2014年

ジョン・アガート作　ニール・パッカー画　金原瑞人訳『わたしの名前は「本」』フィルムアート社　2017年　102頁

松本清張『砂の器』上巻・下巻　新潮文庫　1973年

宮下志朗『書物史のために』晶文社　2002年

宮下志朗『カラー版　書物史への扉』岩波書店　2016年

読めない人

♪読んでらっしゃい　移動図書館
楽しい本に　井戸端会議　今宵はぐっすり眠れましょう
バスと　司書と　運転手　あなたの笑顔を待ってます♪

「お母さん方！　どうですか、本でも見ていきませんか？」

2人のおばちゃんたちに、ドライバーさんが話しかけている。ドライバーさんは全然物怖じしない。そんな様子を、司書はのんびりと見ている。

ボクは移動図書館バス。司書とドライバーさんと3人（？）で、この町をまわっているんだ。

おばちゃんたちは、ボクの鮮やかな黄色のボディーに目をぱちくりさせている。夕飯の買い物の途中だったのか、手に買い物袋をぶら下げてる。

「毎日忙しくてねえ。昔は流行りの小説とか読んだんだけど……。今は時間がないし、細かい字を読むのは疲れちゃうんだよね。」

「あたしなんか賢くないから、本はねえ。読んだってよくわからないよ。」

おばちゃんたちはあんまり乗り気じゃないみたいだ。

確かにボクも長編ファンタジーを読んで感動したことがあるけど、読み終わるまでに何日もかかったし、難しい言葉やカタカナの名前なんかもたくさんでてきた。「ヴォルデモート」とか「フィロストラトス」とか、舌を噛みながら覚えた気がする。まあ、気軽に読めるかっていうと、ちょっと尻込みしちゃうっていうのもわからなくはないな。

それに老眼！　ボクはバスだから大丈夫だけど、小さい字がつらいっていうのはすごく身近なところでよく聞くもんね（実はドライバーさんも言ってる）。老眼になる人が多いのは当たり前だし、別に特別なことじゃないと思うんだけど、やっぱり読書には大きなハードルになるみたいだ。

えっ？　ボクはバスなのに本を読むのかって？

笑止。最近のバスはいろいろ面倒なことを求められていて、勉強が必要なのだよ。そう、コンプライアンスとかエビデンスとか、そう、いろいろさ。

おばちゃんたちは、手に持っていた買い物袋を下ろして、丸椅子に腰をかけた。

「本読む時間があったら旅行にでも行きたいもんだねえ。ウチのお父さんが山登り好きなもんだから、大きい山小さい山、若いころは休みの度に登ってねえ。あたしもついて行ってたんだよ。山小屋に泊まると体がつらいんだけど、朝の空気と景色はそれはもうきれいでね。今はもう登らないけど、せめて山を眺めながらゆっくり温泉に浸かれたらいいねえ。」

そんなことを言いながら、遠くに勤めていてなかなか帰ってこない息子の話や、この間の台風で塀がこわれちゃった話なんかを、とりとめもなくドライバーさんと楽しそうに話していた。

しばらくして、なにやらごそごそやっていた司書が、ボクの本棚から数冊の本を出してきた。この町の本屋さんには、漫画や流行の小説、雑誌なんかが置いてあるけど、司書の持ってきた本は、どれも本屋さんでは見かけない本だった。

「よかったら、どうぞ」と司書がテーブルに並べた本をおばちゃんたちはおずおずと眺めた。

「なんだい、この本は？　写真集と、絵本と……あら！　なんて大きな文字！　こんな大きな文字の本があるんだねえ。これならあたしにも読めそうだわ。ほら見てごらん、見やすいねえ！」

おばちゃんたちははしゃぎながらページをめくっている。ボクは前に司書から教えてもらったから知ってる、あれは「大活字本」っていう本だ。

司書は言ってた。「経験は人生の宝物です。物語の楽しさを知っている人なら眼鏡をかけてでも読むだろうけど、そうじゃない人はわざわざそこまでしない。宝の光を知らない人は、苦労して宝箱を探そうとはしないでしょう。ハードルは、物語の入り口よりずっと手前にあるんです」って。

次に司書は、『アンジュール　ある犬の物語』という絵本を手に取った。

「この絵本は絵だけでストーリーが進むんですよ。文字は一文字もありませんから、よかったら読んでみませんか」と、おばちゃんに手渡した。

「あらワンちゃん。可哀そうに。まあまあ車が。あ、元の飼い主かしら……最後は良かったねえ。司書さん、絵だけだと物足りないから、適当にお話くっつけて読んでおくれよ。……そんな固いこと言わないでさ。え、あたしだったら？　そうねえ、あたしも昔ワンちゃん飼ってたから可哀そうになっちゃうねえ……。」

絵本なら活字を読む分量も少ないし、ましてこの『アンジュール』はまったく文字がない。おばちゃんは、ゆっくりページをめくっている。もしかしたら、頭の中で昔飼っていたっていう犬を思い出して、絵本の中の犬と重ね合わせているのかもしれない。

さっきは「賢くないから本なんて読めない」って言っていたおばちゃん。でも、おばちゃんの中にはこれまで生きてきた思い出があって、考えてることがあって、知りたいことだってある。『アンジュール』はいわゆるドラマチックな長編ファンタジーじゃないけど、でもこの鉛筆デッサンだけの絵本を読んで、おばちゃんは今何かを思ってる。これってたぶん、読書を楽しんでいるってことに違いない。

絵本をめくる横で、もう一人のおばちゃんとドライバーさんは、山岳風景の写真集の一ページを指さしていた。

「この山、あたし登ったことあるのよ！　夜天気が崩れたんだけど、朝はすっかり晴れて、きれいだったなあ。この白黒の写真集の迫力、すごいわねえ。タイトルが良いわ。『山よお前は美しすぎる』ですって！」

笑うドライバーさんに1ページ1ページ解説するように、おばちゃんは山の思い出をしゃべっている。写真の力、恐るべし。写真には、目を引き付けるっていうか、人を立ち止まらせる特別な力があるみたいだ。そういえば司書も、本棚を整理しているときにロバート・キャパって人の写真集を見てるときがある。そんなときの司書の目はちょっとスッとしている。

ボクは行ったことがないけど、都会の本屋さんはすごく大きいらしい。そこにはもちろん写真集もあって、都会の人たちは簡単に手に取ることができる。でも、この町みたいな田舎の本屋さんには、なかなかそんな写真集は並ばない。本屋さんにも生活があるから大変なんだよって前に司書から聞いたことがあるけど、でもそうしたら、都会で育った子どもと、この町みたいなところで育った子どもには、知っていることに差がでちゃうんじゃないかな。文化格差っていうんだっけ？　田舎だからこそ気づくこともたくさんあると思うけど、なんか公平じゃないなあ……ってモヤモヤしてたら、ドライバーさんが「だから図書館で本集めてんだろ？　この町でもみんなが見れるようにさ」だって。ドライバーさんはなんていうか、たまにイカしてる。

おばちゃんたちは、結局何も借りていかなかった。司書とドライバーさんに挨拶をして、でも、笑顔で「また来るから面白い本を用意しておいてね」と言って帰っていった。1冊も借りられなくてボクはちょっと残念だったけど（最近のバスにはノルマやアセスメントが求められているからね！）、司書は、おばちゃんたちの背中をのんびり見送っていた。

あちこちをまわっていると、字が読みにくいって人でも「大活字本」を毎回のように借りていく人もいるし、あとはそう、「ＬＬブック」！　文字を読むのが苦手な人や、内容を理解するのが難しい人のために、読みやすい文章や写真、イラストをたくさん使ってわかりやすく作られている本なんだ。今はまだ、たくさん出版されてるわけじゃないらしいんだけど、でも「これは良い」って喜んでくれるお父さんお母さんや学校の先生もいる。

前に司書が話してくれたことがある。

「「Every person his or her book.」日本語で「すべての人にその人の本を」なんて訳されたりするんだけど、「すべての人」っていう顔の見えない日本語訳、私ちょっと苦手なんですよね。近所のおじさんにはそのおじさんの楽しみがあるし、さっき見かけた高校生は、部活の全国大会に向けて頑張ってる。ドライバーさんは目が遠くなり始めてる。そんな一人ひとりに「その人の本を」手渡していくとなると、森じゃなくて一本一本の木を見なくちゃいけない。想像も、工夫も発明も、絶対止めちゃいけないんですよ。」

難しいことはあんまりわかんないけど、この町には、自分で図書館に来られない人たちがいて、その人たちに本を届けることができるこのお仕事は、すごく幸せだってことはボクも感じてる。ドライバーさんのガハハって笑い声を聞きながら、時間どおりに町をまわって、話を聞いて、空の色を楽しむのは悪くない。移動図書館に来てくれた人が帰って、司書とドライバーさんがテーブルや丸椅子を片付けるのを見ながら、明日は誰が来てくれるかなって想像するのが、好きなんだ。

♪ バスと　司書と　運転手　あなたの笑顔を待ってます♪　ってね。

文献

ガブリエル・バンサン『アンジュール　ある犬の物語』BL出版　１９８６年
川口邦雄『第二界 山よお前は美しすぎる　川口邦雄写真集』日本カメラ社　２０１４年
ロバート・キャパ著　沢木耕太郎訳・解説『ロバート・キャパ写真集　フォトグラフス』文藝春秋　１９８８年ほか
Ranganathan, S. R., *The five laws of library science*, The Madras Library Association, 1931.

おわりに

この「おわりに」の原稿を書こうとしていた矢先のこと、残念なニュースが飛び込んできました。それは千葉県流山市の出版社「崙書房出版」が50周年を目前に業務を終了するというものでした。

崙書房出版と言われても、馴染みのない読者が多いかと思いますが、千葉県、茨城県の特に郷土史家や図書館関係者では知らない人はいないと言っても過言ではない地方出版の先駆け的存在で、地域史を中心とした出版物を実直に刊行されてきました。

本文でも崙書房出版に触れていたので、慌てて再校ゲラにこの報道内容を加筆。本作で私が指摘した地域資料をめぐる課題が、より鮮明になった感じがしなくもありません。

ジュンク堂書店池袋本店9階にある「ふるさと文庫」の棚の前に立つ度、現職の図書館員でない自分がつくづく残念でなりません。そして、この文庫をそのまま公共図書館でつくれたら、と行く度に思います。それは公共でしかできない仕事ではないでしょうか。

以前、京都市内を中心に店舗展開している書店を訪ねた時、「教育」とサインが掲示された棚にかなりの数の本が並んでいるにもかかわらず、「図書館」の棚にはたった1冊しかありませんでした。そもそも「教育」と「図書館」では出版点数に差異があるものの、それにしても1冊というのは図書館関係者にとってさみしい限り。遠目でも見覚えのある緑色の背表紙に近づいて見れば、偶然にもそれは『ちょっとマニアックな図書館コレクション談義』（大学教育出版）でした。

図書館について書かれた本は、一部の大型書店以外に並ぶことはまずありません。一般の読者には、内容が専門的過ぎたり、文章が読みにくかったりするのでしょう。それは私も常々感じています。図書館を使うのは市民です。その市民に伝わる言葉で、興味を抱かせるテーマでアプローチすべき、というのが私の考えです。もしかして、先の書店に1冊だけ置いてあった「図書館」の本が、書店員さんに「読みやすい本でしたので」と判断されたとしたら、編者としてこれ以上嬉しいことはありません。

本書がどんなまちの、どんな書店に並ぶのか。書店員さんに「ちょっと面白い図書館の本」と思っていただけたら幸いです。

本書を担当してくれた樹村房の安田さんとは「マニコレ」の1作目からのお付き合いです。

大林さんと私の両編著となっているものの、安田さんなしに語れないのが本書。図書館員（元図書館員も含む）では絶対に見えない「何か」があるようです。この場を借りてあらためて感謝します。

内野 安彦

２０１９年６月

編著者プロフィール

内野 安彦（うちの・やすひこ）

ライブラリアン・コーディネーター、FMラジオパーソナリティ、立教大学兼任講師・同志社大学嘱託講師
1956（昭和31）年茨城県鹿嶋市生まれ。鹿嶋市、塩尻市に33年間奉職。両市で図書館長を務め、定年を待たず早期退職しフリーランスに
著書に『だから図書館めぐりはやめられない』（ほおずき書籍 2012年）、『図書館はラビリンス』（樹村房 2012年）、『図書館長論の試み』（樹村房 2014年）、『図書館はまちのたからもの』（日外アソシエーツ 2016年）、『クルマの図書館コレクション』（郵研社 2016年）などがある

大林 正智（おおばやし・まさとし）

愛知県豊橋市出身。早稲田大学第一文学部卒業
田原市中央図書館勤務
日本図書館協会図書紹介事業委員
著書に『ちょっとマニアックな図書館コレクション談義』（共著）（大学教育出版 2015年）、『ちょっとマニアックな図書館コレクション談義ふたたび』（共編著）（樹村房 2017年）、『ラジオと地域と図書館と：コミュニティを繋ぐメディアの可能性』（共編著）（ほおずき書籍 2017年）がある

ちょっとマニアックな
図書館コレクション談義 またまた

2019年7月8日　初版第1刷発行

編著者©　内野安彦
　　　　　大林正智
発行者　大塚栄一

検印廃止

発行所　株式会社　樹村房
〒112-0002
東京都文京区小石川5丁目11番7号
電話　東京 03-3868-7321
FAX　東京 03-6801-5202
http://www.jusonbo.co.jp/
振替口座　00190-3-93169

組版／難波田見子
印刷・製本／亜細亜印刷株式会社

ISBN978-4-88367-325-4